EL CUERPO DEL CAMBIO

USAR SU CUERPO PARA SANARSE, AMARSE Y
EMPODERARSE

DR. LISA COONEY

EL CUERPO DEL CAMBIO

DR. LISA COONEY

FOREWORD BY LAURA LANE

"Puede que sea un sueño demasiado lejano en el tiempo, pero todos necesitamos grandes metas o, en realidad, ¿qué sentido tiene? Todo el mundo necesita proponerse no vivir una vida ordinaria".

— ANNE MCKEVITT

O, como me decía mi padre, ¡vete a lo grande o vete a casa!

DEDICACIÓN

Este libro es para el cuerpo. El ser desinteresado que nos acompaña hasta nuestro último aliento. Para todos los cuerpos que ignoramos y para todos los cuerpos que olvidamos. Que las palabras salten de la página y te devuelvan a ti y a tu cuerpo como la asombrosa asociación que es, y que los dones olvidados sean recordados.

La Dra. Lisa tiene un don increíble. Te encuentra donde estás emocional y energéticamente. Después de nuestra primera reunión parte de mi mundo se desenredó.

Formaba parte del proceso de realineación y avance hacia un yo mejor. Ella me ayuda a encontrar herramientas para hacer frente a las cosas que surgen y que están profundamente arraigadas. Necesito todas las herramientas posibles. Es una experta en estas cosas. Estoy agradecido de tenerla como aliada para cosas que pueden explicarse y otras que no.

— ZAC BROWN, FUNDADOR Y CEO ZAC
BROWN BAND

Después de una sesión catártica con la Dra. Lisa Cooney, noté un cambio tan notable en cómo me sentía en mi cuerpo. Espero que este libro ayude a muchas más personas que puedan sentirse desconectadas a seguir el camino de vuelta a sí mismas.

— GWYNETH PALTROW, FUNDADORA Y
CONSEJERA DELEGADA DE GOOP

PRÓLOGO

Recuerdo la primera vez que leí sobre la Dra. Lisa Cooney en un boletín de GOOP. Gwyneth Paltrow había hecho recientemente una sesión ZOOM con la Dra. Conney por recomendación de una amiga. Yo era escéptica y me preguntaba cómo era posible que esto funcionara a través de Internet. No es que tuviera creencias profundas sobre nada de esto, pero estar en persona me parecía intuitivamente que tenía que formar parte del proceso. Gwyneth estuvo de acuerdo y acudió con cierto escepticismo, pero me contó que había tenido una experiencia transformadora. Pensé en su experiencia durante semanas.

Poco después, a mi perra le diagnosticaron cáncer de pulmón y le dieron entre uno y tres meses de vida. Había criado a esta perra desde que tenía ocho semanas y siempre bromeaba diciendo que era la versión canina de mí, como la hija que nunca tuve. Los médicos no creían que la quimioterapia fuera a funcionar, dado lo avanzada que estaba la enfermedad, pero dijeron que podíamos intentarlo de todos modos. Por capricho, también me puse en contacto con la Dra. Cooney para que me ayudara a superar mi duelo. Durante nuestra llamada, nos pidió a mi marido y a mí que nos sentáramos con nuestro perro. Nos miró y nunca olvidaré lo que dijo: "no estáis preparados para iros, ¿verdad?". Continuamos con la sesión, en la que apenas recuerdo lo que dijo; cantaba y hablaba muy rápido. Ya han pasado dos años y mi perra prospera. Los médicos no se explican cómo ha desaparecido el cáncer. Dicen que nunca han visto nada igual en ninguno de sus casos.

Hace poco, mi madre estaba muy enferma y conectada a un respirador artificial en la UCI. Los médicos nos prepararon para el soporte vital, ya que estaba empeorando rápidamente. Pensé que nunca volvería a hablar con mi madre, así que me puse en contacto con la Dra. Cooney una vez más. Me dio instrucciones sobre cómo estar presente en el hospital y, una vez más, hizo su curación desde la distancia. Al día siguiente, mi madre dejó de decaer y empezó a mejorar. Voy a visitar a mi madre la semana que viene por su cumpleaños. Anoche hablamos por teléfono y se rió de mis hijos.

En todos los casos, los médicos se quedaron atónitos ante la milagrosa recuperación. Soy escéptico ante las cosas que no pueden explicarse lógicamente y los conceptos que no comprendo del todo. Pero como ser humano vivo en este vasto y hermoso universo, creo de corazón que algunas cosas de la vida no tienen explicación, que no lo entendemos todo. ¿Fueron coincidencias? Nunca lo sabré. Nunca entenderé del todo las habilidades del Dr. Cooney ni cómo funcionan, pero me asombra lo que he visto y el profundo impacto que ha tenido en mi vida. Muchas gracias.

Laura Lane, escritora y periodista

PARTE I
EL CUERPO DEL CAMBIO

VIAJE A LA POSIBILIDAD

"No dirijas tu atención a otra parte en tu búsqueda de la verdad, porque no se encuentra en ningún otro lugar más que dentro de tu cuerpo".

— *ECKHART TOLLE*

No me sentía bien. Me acerqué al ordenador, cerré los ojos y dije: "Cuerpo, háblame". Lo siguiente que recuerdo es que abrí los ojos y las lágrimas caían por mis mejillas, y me quedé mirando las palabras "Me estás matando" en la pantalla.

Ese día, el juego -*mi* juego- cambió. Fue el comienzo de una relación diferente con mi cuerpo, que no sólo cambió físicamente mi cuerpo, sino que cambió mi vida tal y como la conocía. No es que fuera fácil. El trabajo personal nunca lo es. Pero lo más difícil fue cambiar mis relaciones, con *todo*.

Comenzó con la decisión de descubrir *qué* me estaba "matando", qué parte de mí misma y por qué. Empecé a utilizar todas las herramientas y técnicas de que disponía y otras que había adquirido a lo largo de mi carrera. Con el tiempo, descubrí que tenía un don con los procesos profundamente transformadores y desarrollé herramientas para el descubrimiento y el cambio, llamado MÉTODO ROAR ®. Vivir una Realidad Radicalmente Orgásmicamente Viva es elegir la posibilidad sobre el problema, una acción o creencia a la vez.

Como resultado de este trabajo, mi vida actual es completamente diferente de lo que jamás pensé que podría o sería capaz de crear. El peso emocional disfrazado de peso físico extra -unos quince kilos de más- que había estado arrastrando simplemente se derritió y se fue cuando decidí cambiar. En una cultura que se centra en una dieta de moda tras otra, es una revelación que dejar ir las limitaciones y las dudas sobre uno mismo a menudo puede hacer un trabajo mucho más rápido para cambiar el cuerpo en la forma que le gustaría ser. Y a medida que mi cuerpo cambiaba, *yo* cambiaba desde dentro hacia fuera. Cuestiones de larga data comenzaron a disolverse y resolverse.

Cada vez que exploras tus problemas desde la perspectiva de la sabiduría corporal, se abre todo un nuevo mundo de conversación y te proporciona nuevas formas de avanzar hacia cualquier cosa que desees. Esta es la premisa de todo el libro: cómo conectando contigo mismo a través de tu cuerpo puedes acceder a tu propósito más elevado y a tu mejor vida.

El propósito de este libro es ayudarte a descubrir los beneficios de 1) hacerte amigo de tu cuerpo y escucharlo y 2) aprender a elegir de tu cuerpo permitiendo que tu mente haga una investigación cooperativa con él. Porque cuando cambias desde "dentro hacia fuera", tu "exterior interior" también cambiará para alinearse con tus deseos. Cuanto más experimentes esto, más comprenderás que la falta de conciencia crea *malestar* fisiológico y *falta de armonía* en tu cuerpo y en tu vida en general. Este estado de ser impide la conciencia de que el verdadero propósito de tu cuerpo como organismo es dirigir el cambio energético no sólo en ti, sino también en los demás. Es más que el hecho de que lo que te dices a ti mismo es lo que estás mostrando al mundo como cuerpo. Eso es cierto, por supuesto. Pero mi intención aquí es hablar de algo diferente acerca del cuerpo y de su potencial como sanador y empático.

En mi trabajo con clientes de todo el mundo, me he dado cuenta de que estar presente en mi cuerpo tiene un efecto profundo en las personas. Puede tener un impacto que la mayoría de nosotros no tenemos lenguaje para describir. En casa o en la escuela no nos enseñan que existe una conciencia universal a la que podemos acceder y que nos permite utilizar nuestro cuerpo para informar a nuestro ser. Es la *presencia*, el estado de unidad. Y en este estado, nuestros cuerpos son capaces de mucho más de lo que sabemos.

LA HUELLA DE TU ALMA: TU FIRMA ESPIRITUAL ÚNICA

Mi abuela era la encarnación del amor incondicional y la única gracia salvadora de mi infancia. Medía metro y medio, era católica, italiana y toda una potencia. Ella misma había sufrido mucho. Era la menor de trece hermanos y no había estudiado más allá de la escuela primaria. Su padre era un hombre extremadamente violento que acabó asesinando a su madre. Ella le llamaba "la Gestapo". Pero a pesar de su historia, dio mucho. En retrospectiva, me enseñó que, independien-temente de lo que alguien haya sufrido, puede ser la encarnación del amor incondicional. Fue mi mejor maestra.

Después de haber sufrido importantes abusos sexuales, emocionales y físicos durante mi infancia, ella era la única persona con la que me sentía cómoda teniendo contacto físico. Cuando murió, dejó un legado. Mi abuela influyó en mi decisión de hacer las cosas de una manera diferente: elegir lo mejor posible ser amable y contributiva independientemente de lo que ocurra en mi mundo. Puede que esa amabilidad requiera fuerza o firmeza, pero es un espacio de amor por lo que ella me enseñó. *Lidera con el corazón*. Esto me llevó al cuerpo.

Y hubo algo más que mi abuela me enseñó que iba más allá de cómo amar incondicionalmente: me enseñó sobre mi alma.

Estábamos sentados en misa, uno de mis lugares favoritos para estar con ella. Sabía y pronunciaba cada palabra en voz alta, y aquel día la oí decir: "El alma y yo sanaremos".

Me quedé helada, con el corazón palpitante, y en ese momento supe que mi trabajo tendría algo que ver con el espíritu o el alma. Lo sentí con cada fibra de mi ser... porque mi cuerpo me habló, ¡y yo y mi cuerpo despertamos!

LA HUELLA DE TU ALMA

La huella de tu alma es tu firma espiritual. Es el contorno y el contenido de tu alma, su carácter.

Es más específico para ti, y sólo para ti, que la letra de tu nombre garabateada en un cheque o una carta.

Es aún más singular para ti que tus genes y cromosomas.

— M. GAFNI

Como ser humano, tienes una huella en el alma, un espíritu Divino que siempre te está llamando a un camino superior de realización. No importa lo lejos que te alejes de este camino, o lo enfermo o desconectado que estés. La huella de tu alma siempre te llamará, y utiliza tu cuerpo para hacerlo. A pesar de que los abusos tempranos me habían llevado a encerrarme en mí misma y a desconectarme para protegerme durante la mayor parte de mi infancia, siempre había otra parte de mí que permanecía latente. Durante varios momentos de mi viaje de sanación, emergía como para recordarme que estaba esperando pacientemente a que tomara conciencia de ello.

Muchas de las personas con las que trabajo y que han superado el abuso suelen ser capaces de reconocer, desde su lugar de sanación, que siempre habían sido conscientes de una parte de ellos que no se expresaba, otro lado que de alguna manera conocían como su verdad desde el principio. En mi vida actual, actúo de forma más coherente desde este lugar. Es posible que hayas experimentado algo similar - momentos de conciencia o conocimiento donde ves todo por lo que es más allá de tu realidad actual.

Este aspecto de ti mismo -la huella de tu alma- es totalmente único. Es tu propia firma. Y es tu trabajo, tu *único* trabajo, permitir que deje su huella. Lo haces ampliando tu pensamiento limitado de ti mismo, que luego sirve para iluminar tu firma espiritual en el mundo. Si se lo permites, tu cuerpo te ayudará a hacerlo.

PSICOLOGÍA DEL ALMA

"No hay nada en psicoterapia que empiece con el patrón básico y perfecto del hombre... Este patrón está ahí..."

— *RAYMOND CHARLES BARKER*

Como psicólogo profesional, mi experiencia me dice que la psicología tradicional no dispone de las herramientas necesarias para ayudar a las personas a encontrar el alma que buscan. A mí, desde luego, no me ayudó. Todos buscamos la sensación de plenitud, ya sea solos o con otro ser humano. Pero, ¿en qué consiste este sentimiento aparentemente esquivo? Se puede describir de muchas maneras: energía, conexión, calidez, apertura, expansión, vitalidad. Yo lo llamo *vitalidad radical*.

Cuando pierdes el contacto con tu verdadera naturaleza y te esclavizas a roles, comportamientos y mentalidades inflexibles, sufres. Te alejas de tu lugar verdadero y auténtico. Afortunadamente, a través del cambio y la transformación personal, puedes liberarte de los aspectos estrechos y limitantes de tu educación y condicionamiento temprano. Cada matiz, acontecimiento, imagen e incidente de tu vida es una fuente de información psicológica y espiritual vital, y esta información es accesible para ti porque está almacenada en tu cuerpo. Una vez que te sintonices con este aspecto del alma, te proporcionará la guía exacta que necesitas para la evolución de tu alma y para vivir radicalmente.

VIVIR RADICALMENTE VIVOS

Creo que lo que realmente buscamos es una experiencia de estar vivos, para que nuestras experiencias vitales en el plano puramente físico tengan resonancia en nuestro ser y realidad más íntimos, para que podamos sentir realmente el éxtasis de estar vivos.

— JOSEPH CAMPBELL

La oportunidad de vivir radicalmente vivos está en cada uno de nosotros. A lo largo de los años, he utilizado y desarrollado herramientas y técnicas para ayudar a la gente a conseguirlo. Es lo que yo llamo vivir tu ROAR®, tu Realidad Radical y Orgásmicamente Viva. Sin embargo, para conseguirlo, probablemente tendrás que perder algunos kilos. Si eres como yo, eso podría ser bastante literal, pero me refiero expresamente al equipaje mental y emocional. En cualquier caso, significará reconectar con tu alma a través de la sabiduría innata de tu cuerpo.

¿Cómo se hace? Empieza por aprovechar el poder curativo que hay en ti. Para que la música divina de la vida suene a través de ti, el ego tendrá que pasar a un segundo plano. Todas esas ideas y creencias fijas que has ido acumulando desde el momento en que fuiste concebido tienen que desaparecer para que tu energía se alinee con la conciencia superior.

¿Le parece un objetivo imposible? Eso es porque en realidad no es un objetivo en absoluto. Es *un proceso* que he descubierto en mi trabajo y que se reduce a un concepto sencillo: *quererte de* dentro a fuera y ser un buen amigo para ti mismo porque deseas ser algo diferente. El verdadero tú, oculto bajo la corriente subyacente de tu ego y del yo de supervivencia que activa intrínsecamente tus Estrategias de afrontamiento & Subconscientemente.

EL SECRETO ESTÁ EN LA INTELIGENCIA DE TU CUERPO

Verás, mientras sigamos siendo los mismos por dentro, a nivel de nuestros pensamientos, creencias, patrones,

y emociones, simplemente no hemos logrado la transformación en el sentido más profundo. Para estar sanos

y mantenernos así, sí, necesitamos hacer ejercicio y comer bien. Pero a menudo también necesitamos a nosotros mismos "más allá del cuerpo", examinando nuestras creencias limitadoras sobre nuestro cuerpo y nuestra vida.

Debemos cambiar nuestra mentalidad y curar los golpes y magulladuras emocionales...

— BILL PHILLIPS

Al igual que la niña cuyo cuerpo le habló aquel día con su abuela, tu cuerpo te hablará. Te dirá cosas que no puedes imaginar en este momento sobre cómo curarte, cómo amar, cómo vivir, cómo *ser*, porque tu cuerpo está conectado a la inteligencia del universo. La pregunta es: ¿cómo se han desviado tanto nuestras vidas y se han vuelto tan complicadas y difíciles? Y lo que es más importante, ¿qué puedes hacer para cambiar eso y poder escuchar las soluciones, el amor y el apoyo que tu cuerpo tiene para ti?

Comprender las respuestas a estas preguntas y trabajar con esta información tendrá un profundo efecto en tu vida al transformar literalmente todas las relaciones que tienes: con el dinero y el trabajo, con la salud y el bienestar, con los seres queridos y los no tan queridos y, sobre todo, contigo mismo y con el mundo. Sean cuales sean los retos y problemas que tengas, te prometo que valdrá la pena afrontarlos. Puede que incluso descubras, como yo, que "tu desastre es tu mensaje" y que tu propósito está íntimamente relacionado con tu viaje hacia la plenitud.

Hágase estas preguntas:

¿Cuál es el mensaje de tu "desorden" en este momento?

Cuerpo, ¿me enseñas qué hacer para cambiar esto ahora?

¿Cuál es el siguiente paso o acción correcta ahora?

Practica usando esta oración troncal después: "No sé cómo... Sólo sé que lo será. Gracias. ¡Ya está hecho!"

Por ejemplo:

1. No sé cómo *hago una Pregunta y escucho la respuesta de mi Cuerpo*
2. Sólo sé que lo será
3. Gracias. ¡Ya está hecho!.

¿QUÉ TE FRENA?

¿Cuál es la historia de tu cuerpo?
¿Cuándo lo creó?
¿Estás contento con esa historia?
¿Requiere un final y un nuevo comienzo?
¿O un nuevo capítulo?
¿O un libro o un aspecto completamente nuevos?

¿Qué te impide crear una vida que adoras? ¿Qué te mantiene estancado? En una palabra: tú mismo. Eres tú quien está bloqueando tus verdaderos talentos, dones, necesidades y deseos, seas o no consciente de ello. Trabajando con personas, he descubierto que lo que a menudo te frena es el rechazo de algún tipo:

1. Una negativa a elegir por ti sólo porque puedes.
2. Un rechazo a practicar el amor propio.

3. La negativa a aceptar que mereces todo lo bueno, no algo, ni un poco, sino todo lo bueno.
4. La negativa a aceptar que puedes elegir lo que quieres y que no tienes que esperar nada, ni siquiera dinero o permiso.
5. Un rechazo a elegir lo que quieres e ir a por ello y crearlo activamente.

Todo el mundo está siempre buscando la píldora mágica: *Si hago esto... Si consigo esto... entonces puedo.* Pero en realidad no funciona así. Es más bien así: *Quiero esto. Deseo esto. Esto me hará feliz. ¿Cómo lo creo?*

¿Qué es lo que te impide crear y aceptar las cosas que te harían feliz? ¿Y por qué rechazarías lo que realmente quieres? A nivel consciente, por supuesto que no. ¿Pero a nivel inconsciente? Ah, sí

Ejercicio diario

Escribe 10 cosas:

1. Que deseas
2. Que desees
3. Que te hará feliz

4. ¿Estás dispuesto a hacer para crear eso que has escrito arriba?

DISTRACCIONES, BARRERAS Y DEFLECTORES DE TUS DONES Y CREATIVIDAD

Lo único que nos impide ser, hacer y tener lo que deseamos son nuestras creencias inconscientes: creencias fundamentales o básicas que, en su mayor parte, se formaron en la infancia a través de los padres, los antepasados o la cultura en general, o simplemente a través de interacciones y experiencias con el mundo que nos rodea y que ahora funcionan con el piloto automático. En su momento, tenían sentido para nosotros. Nos indicaban cómo funcionaba el mundo. Nos daban seguridad. Nos decían quiénes éramos -o quiénes no éramos- en él. Eran las reglas del juego que nos permitían funcionar o desenvolvernos en el entorno en el que nos encontrábamos. Hoy, sin embargo, viven en el oscuro subsuelo de nuestro subconsciente, impregnando cada aspecto de nuestro ser y de nuestra vida, y siguen siendo invisibles para nosotros salvo por los resultados que producen.

Las personas que acuden a mi consulta o a mis talleres a menudo se preguntan, en el mejor de los casos, por qué su vida no funciona como la habían imaginado. ¿Por qué no son capaces de crear relaciones alegres, carreras atractivas y productivas o abundancia financiera? ¿Por qué no pueden ser felices? Es porque sus creencias inconscientes están dirigiendo el espectáculo en el fondo, tan anticuadas y obsoletas como pueden ser. Por desgracia, no desaparecen porque ya no sean útiles.

Por eso nos cuesta cambiar las cosas, porque chocamos contra esas creencias ocultas, creencias que sólo pueden observarse a través de nuestros comportamientos, emociones y acciones, o en las situaciones o condiciones que aparecen en nuestra vida. La gente sufre, no crea y se empantana en cosas que realmente no necesita. Estas creencias producen tus limitaciones, a veces unas en las que ni siquiera sabes que estás viviendo. Como arenas movedizas, te hunden y te mantienen ahí.

He llegado a reconocer que muchas de las creencias fundamentales con las que luchan las personas son universales por naturaleza y apuntan en una dirección: hacia el odio a uno mismo en algún nivel.

ODIO A SÍ MISMO

El único pecado es el odio a uno mismo.

— *PAUL WILLIAMS, DAS ENERGI*

El odio a uno mismo tiene muchas caras: *Soy malo. Soy malo. No me quieren. No soy importante. No importo.* Aparece de muchas maneras y actúa como autosabotaje. Por supuesto, no sabemos que es autosabotaje. Siempre parece otra cosa:

1. Procrastinación
2. Compararse con los demás
3. Ira
4. Victimización
5. Proyección/Deslumbramiento
6. Quejas/Críticas
7. Excusas
8. Miedo
9. Preocupación/Ansiedad

El odio a uno mismo afecta a lo que yo llamo "los tres grandes": la salud, las finanzas y las relaciones. Estas son las áreas en las que la mayoría de la gente necesita ayuda en un momento u otro, y las tres razones principales por las que la mayoría de los clientes acuden a terapia. Cuando llegan, sus problemas suelen estar en pleno apogeo: mala salud, deudas agobiantes que aumentan el estrés y la ansiedad, relaciones tóxicas. Todas ellas son formas de autocastigo.

Por desgracia, la gente a menudo no se da cuenta de que hay señales anteriores de creencias inconscientes en juego, como las que he enumerado antes, en parte porque son muy comunes y "aceptadas".

SENTENCIA

En el corazón del odio, dirigido hacia uno mismo o hacia otros, está el "juicio": una decisión sobre lo que es malo (y, por tanto, también bueno). Cuando juzgas algo, en esencia estás operando con un punto de vista fijo... y cualquier punto de vista fijo te posee. Reduce tu perspectiva y, siempre que pierdes la perspectiva, pierdes poder. Actúas de forma diferente a como realmente te gustaría actuar y entonces te sientes mal por ello, lo que sólo te lleva a juzgar más.

Si observas detenidamente la naturaleza del juicio, verás que es una amalgama del pasado y de las personas que forman parte de ese pasado. Puede ser liberador saber que la mayoría de los pensamientos de juicio que tienes en realidad no se originaron contigo. Han sido transmitidos y transmitidos desde tiempos inmemoriales. En este sentido, no te pertenecen. Sin embargo, cuanto más permites que el juicio te alimente y te mantenga encerrado en esa realidad limitada - como un animal enjaulado - más mantienes el abuso y la enfermedad del juicio en tu cuerpo, en tu mente y en esta tierra.

Cuando la gente te dice cosas, lo sepas o no, creas una de esas creencias inconscientes sobre ti mismo. Y entonces, cada vez que algo te parece, huele o sabe parecido, esa creencia inconsciente se levanta dentro de ti, dentro de tu "jaula", y dice: "¡Oh, sí, eso!". Se pone otro listón, o se refuerza, en la jaula. Y así, toda tu vida te defiendes de poder conectar con tu energía innatamente bella. Crees que hay algo malo en ti. Todo sucede en una fracción de segundo, más allá de tu conocimiento consciente, y lo único que sabes es que, cuando haces trabajo de sanación energética espiritual, no puedes conectarte tanto como sabes que puedes debido a las creencias inconscientes.

Ir más allá del juicio incluye juzgarte a ti mismo y a los demás, porque lo que juzgas en los demás es simplemente un reflejo de lo que juzgas en ti mismo.

LA JAULA

En el vocabulario alemán de Philosophie, *se encuentran las palabras* eigentlich

(verdadero, real) y uneigentlich, *lo contrario de la verdadera vida a la que estás destinado.*

Hay muchas personas que viven una uneigentliches Leben (vida inauténtica).

Lo más difícil es salir de estas jaulas autoconstruidas.

— NINA GEORGE

Una jaula es una metáfora útil para describir la estructura invisible y el autoencarcelamiento que encapsula a las personas en su realidad limitada. Recuerdo que una vez trabajé con un poderoso sanador que me dijo: "Dios mío, las estructuras internas de tu cuerpo: es como si tuvieras acero alrededor de las caderas y los huesos llenos de hierro fundido". Esto es la jaula: ideas y creencias interiorizadas sobre ti mismo y la vida que se endurecen y templan con el tiempo, barrotes invisibles que te mantienen agarrado a los confines de tu punto de vista fijo. La jaula te ata a ciertas realidades vividas como: "Esto es lo que hay. Es lo que hay", en lugar de experimentar tu vida como una creación y unas posibilidades infinitas, que es tu verdadera naturaleza y tu firma espiritual.

LAS CUATRO D: DENEGACIÓN, DEFENSA, DESCONEXIÓN, DISOCIACIÓN

Las cuatro son estrategias de afrontamiento que he descubierto que la mayoría de la gente utiliza para negociar su realidad pero que, en realidad, refuerzan la jaula y bloquean todo en su sitio. Veamos cada una de ellas.

Negar: Negarse a reconocer la existencia de algo.

La negación no es necesariamente algo malo. Como le digo a la gente en mis talleres, no pasa nada. Podemos reírnos. La risa es un recurso valioso en este trabajo tan personal, porque estamos hablando de cosas muy duras. Admitámoslo, cuando experimentas un trauma o sufres abusos, un cierto nivel de negación hace que sea más fácil vivirlo. Sin embargo, la negación no expresada te llevará directamente a tus creencias inconscientes. Así es como la gente acaba de adulta en alguno o todos de los siguientes casos: matrimonios infelices, situaciones llenas de deudas, negocios sin éxito, cuerpos enfermos, pesadillas por no querer enfrentarse a sus traumas, y así sucesivamente. La negación no expresada suele ser la primera entrada a la jaula.

Imagina que alguien rompe contigo. Lo sientes en el corazón o en alguna parte del cuerpo, e inmediatamente te dices: "Vale, tengo que ser fuerte". Eso es negación. Pones el freno.

Pero no termina ahí. Lo haces una y otra vez y acumulas capas, lo que yo llamo "acorazamiento corporal". Todo lo que hacemos en mis talleres ROAR® está diseñado para liberar este acorazamiento corporal. Imagina que estás conduciendo un coche y de repente frenas bruscamente porque un ciervo ha entrado en la carretera. Sin darte cuenta, aguantas la respiración. El ciervo se escapa y piensas: *Vale... el ciervo está bien.* Pero no recuerdas que te olvidaste de respirar. Y ese momento se queda contigo aunque ya haya pasado.

Es lo mismo con tus sistemas de creencias a los que no prestas atención porque eres muy fuerte y tienes que seguir moviéndote. Eso es blindaje corporal. A veces, cuando le pido a alguien que respire, se marea. Les cuesta. Incluso pueden empezar a ahogarse. Muchos de nosotros no queremos respirar en la barriga porque es donde están nuestras emociones, o en el pecho porque es donde está nuestra angustia. Se convierte en una forma de moverse por la vida.

Cualquiera de las 4 D tiene un doble filo. En el caso de la negación, también niegas estar en la grandeza de tus dones, talentos, habilidades y capacidades, porque si niegas algo que está sucediendo, ¿no estás negando también algo sobre ti? ¿Dónde está la línea? Así es como empezamos a desarrollar la jaula. Para tomar conciencia e iniciar el proceso de cambio, puede ser tan sencillo como hacerse algunas preguntas:

1. *¿Qué estoy negando aquí?*
2. *¿Cómo estoy negando?*
3. *¿Qué me gusta negar?*
4. *NEGACIÓN - Ni siquiera sé que estoy mintiendo*
5. *¿Qué enseñanzas positivas extraes de esta negación?*
6. *Escribe diez cosas que sabes que estás negando!*
7. *Escribe diez cosas que no deseas saber y que sabes que sabes*

Tenga en cuenta que, cuando empiece a cuestionar estas defensas, espere sentirse incómodo. Es como si estuvieras nombrando algo que nunca antes se había nombrado. Es normal. Confía en el proceso.

Defender: Resistir.

Defenderse es una forma de protegerse del daño o del peligro. Es un mecanismo innato. De nuevo, no siempre es algo malo. Piensa en si alguien se enfada contigo. Tu primera reacción es defenderte, ¿verdad? Pero cuando todo es culpa de los demás, o te encuentras en defensa de todo, o tienes que protegerte de alguien que sale de la esquina y te mata todo el tiempo... bueno, entonces se convierte en un problema mayor. Vives en guardia todo el tiempo, siempre luchando contra algo. Puede que estés defendiendo tu punto de vista, juicios que tienes sobre ti, una decisión que tomaste o alguien en tu vida. O alguien que ha estado en tu vida, como un padre o un hijo. Estás constantemente levantando muros o barreras contra alguien o algo, mental, emocional, psíquica o físicamente. Cada vez que algo te parece, huele o sabe a alguien que te está haciendo daño -por ejemplo, porque tu novio rompió contigo a los once años, y aún sigues lidiando con eso y llevándolo contigo en cada ruptura- te defiendes de sentir el dolor original, más todos los demás a partir de ahí.

La otra cara de la moneda es que, mientras te defiendes de esta manera, también te estás defendiendo de cualquier cosa buena que entre. Simplemente no te das cuenta. Con las cuatro D, no hay una línea en la arena que diga: "Esto es bueno... Esto es malo. Quédate con lo bueno. Aléjate de lo malo". Está todo mezclado, y lo llevas encima. Aquí tienes algunas preguntas que hacerte:

1. *¿Qué estoy defendiendo?*
2. *¿A quién defiendo?*
3. *¿Cómo me defiendo a favor o en contra de algo?*
4. *¿Qué valor tiene defender?*
5. *¿Qué es lo que más me gusta de defender? ¿La lucha? ¿El conflicto? ¿La adrenalina?*
6. *¿Qué me estoy enseñando a mí mismo mientras me defiendo?*

Cuando niegas o te defiendes de algo, pierdes la perspectiva. Regalas tu poder. Si te sientes impotente constantemente, probablemente se deba a esto, aunque creas que se trata de la situación externa. No es así. La realidad externa no es más que lo que llama a tu jaula y te pregunta: "¿Estás preparado para cambiarla? ¿Vas a adueñarte ya de tu poder? ¿O prefieres sufrir?".

Desconectar: Separar o retirar.

Cuando ocurre algo que no te gusta, desconectas. Lo apartas de tu conciencia o te distancias para sentirte seguro o cómodo. De alguna manera te separas de ello. Puede que te desconectes de los dolores o sensaciones de tu cuerpo, de otras personas, de los recuerdos o de cualquier cosa o persona a la que atribuyas la causa del abuso, incluido tu propio ser. O puede que te desconectes de tus sueños, objetivos o deseos.

La desconexión dice: "No quiero lidiar con eso", frente a la defensa o la negación. Cuando te defiendes, reaccionas ante alguien o algo. Estás luchando. Con la negación, estás diciendo: "No, no sucedió".

Preguntas:

1. Mientras desconecto, me enseño a...?
2. ¿Qué estoy evitando reconocer como real?

3. ¿A quién estoy viendo como alguien distinto de quien realmente es en lugar de enfrentarme a quien realmente es?

4. ¿Qué sigo posponiendo y apartando en lugar de afrontar?

5. ¿Qué pasaría si me inclinara hacia esto?

Disociarse: Desvincularse de lo que está experimentando en ese momento.

[Nota: aunque ésta es la más extrema de las cuatro D, no me refiero aquí al trastorno de personalidad múltiple, al trastorno de identidad disociativo ni al trastorno límite de la personalidad].

Si has llegado a este punto, significa que tienes muy trillada la negación y la defensa. Como las otras D, no es necesariamente algo malo. Así es como has sobrevivido hasta ahora en la vida. Disociar significa que has dejado una parte de ti sin sanar en el pasado. Una parte de ti sigue allí, lo que te mantiene atado al pasado en lugar de al momento presente en el que te encuentras. Es una estrategia utilizada como intento de escapar de la intensidad o gravedad de algo. Puedes disociarte del cuerpo o de la alegría o la pena o la tristeza o la ira intensas.

1. ¿Cuándo siento que me deslizo hacia un mundo de fantasía en el que me siento como un espectador de mi vida en lugar de estar anclado en mí mismo?

2. ¿Qué comportamientos evidencian mi disociación? ¿Perderme en la televisión sin sentido durante horas y horas? ¿Anestesiarme con alcohol u otras sustancias?

3. ¿Me siento como un extraño en un grupo de personas cuando éstas están ocupadas experimentando alegría, felicidad, risas o incluso tristeza, y yo me siento como si las estuviera observando en un plató de cine?

4. ¿A qué decidiste renunciar al disociarte?

PREGUNTAS:

Durante los próximos once días, anota y fíjate en un momento cada día en el que empieces, continúes o dejes de desconectar.

¿Qué te enseña esa acción o comportamiento?

¿Qué virtud cultivas? ¿Seguridad, resistencia, perdón, aceptación, amabilidad, compasión o valor?

Normalmente, la gente pasa por las cuatro D sin darse cuenta, empezando por la negación: "Oh, qué bien me siento". Lo siguiente que saben es que han saltado a la defensa y la lucha, donde una discusión con un amigo o pareja podría ser así:

"No, es sobre ti."

"Déjame decirte esto..."

"Cada vez que haces esto..."

¿Le suena familiar este tipo de diálogo? A menudo les digo a mis clientes que tengan cuidado con lo que dicen. Porque una vez que empiezas con la negación, antes de que te des cuenta, pasas a la defensa y, de ahí, o vas directamente a la disociación o tomas un cruce hacia la desconexión, pero siempre acaba en disociación. Y entonces todo vuelve a empezar. Vuelves a la negación porque te sientes más seguro.

A medida que examinas el papel de estas estrategias de afrontamiento en tu vida y las creencias inconscientes que las alimentan, aprendes dónde están tus límites, qué puedes hacer y qué es saludable. Descubrirás que lo que crea la enfermedad, la luz de gas, la infelicidad, la ansiedad y la depresión es abandonarte a ti mismo mediante las estrategias de las cuatro D: negación, defensa, desconexión y disociación. Y el objetivo de enjaularte es no existir. Sí, ¡para no existir! Has leído bien.

EJERCICIOS

1. Dobla un papel por la mitad y escribe las cuatro D en una cara del papel. Cierra los ojos y, en la otra cara del papel, reflexiona sobre los casos en los que has mostrado cada una de las cuatro D en tu vida.

2. Haz una lista de personas, lugares e incluso cosas que evitas.

3. En cuanto a las personas, considera por qué te distancias de ellas. ¿Los demás los ven de una manera muy diferente a la tuya? ¿Te encuentras a ti mismo "explicando" sus comportamientos cuando los demás expresan su preocupación por cómo te tratan a ti o a los demás?

4. Para los lugares, enumera cada uno de ellos y describe detalles sobre tus experiencias pasadas en ese lugar. ¿Qué ocurrió en ese lugar? ¿Qué sentimientos te provoca ese lugar? ¿Por qué evitas estar en ese lugar?

5. Para las cosas, haz una lista de las cosas que has guardado o escondido. Puede ser un objeto de la casa, una joya, una fotografía. ¿Cuál es el primer recuerdo de esta cosa? ¿Qué ocurrió la primera vez que estuviste presente con este objeto? ¿Tienes miedo de deshacerte de este objeto? ¿Por qué?

6. Durante la próxima semana, sé consciente de cuándo caes en las cuatro "D". Lleva un cuaderno contigo y anota cada situación. ¿Dónde estás? ¿Con quién estás? ¿Qué estás haciendo? ¿Qué sientes?

Este ejercicio, si decides intentarlo, iniciará el diálogo con tu cuerpo y estarás en camino de alinear mente, cuerpo, espíritu y alma.

¿EN QUÉ LE BENEFICIA?

Argumenta tus limitaciones y, por supuesto, serán tuyas.

— *RICHARD BACH*

La jaula, los juicios, las cuatro D... todos son mecanismos de supervivencia diseñados (aunque sea inconscientemente) para insensibilizarte ante el mundo exterior. Pero el adormecimiento no es selectivo. También sirve para insensibilizarte ante la experiencia de *ti mismo* y de quién eres realmente como don en el mundo.

En el fondo, es *el miedo* lo que te adormece: el miedo a ser visto, a quedar expuesto, el miedo a crear esa idea que amas. Tu miedo te lleva a actuar donde te encuentras siempre remando contra la corriente, y todo porque crees las mentiras del falso yo. Esto es lo que hace tan difícil crear la realidad que realmente quieres tener - porque tienes que perder tu miedo, tus autolimitaciones, para hacerlo. Y permanecer en el status quo tiene sus ventajas. Toda tu vida hasta la fecha se basa en estas limitaciones. Es la única forma en que te conoces a ti mismo, el marco que has utilizado para construir tu salud, tu cuerpo, tu dinero y tu vida financiera, tu trabajo y tus relaciones (o la falta de ellas).

Se debe a los escenarios pasados no reconocidos y no resueltos en los que decidiste que eras algo que ni siquiera era verdad sobre ti, pero lo hiciste verdad sobre ti, y entonces se convirtió en ti. Así es como llevas tu vida. Atraes tus relaciones de esa manera. Atraes tu dinero de esa manera. Atraes tu negocio de esa manera. Atraes tu cuerpo de esa manera. Y atraes lo que "no sucede" en tu vida desde ese espacio de ser. ¿Recuerdas a PigPen de los dibujos animados *Peanuts* de Charles Schultz? Era el apestoso que siempre tenía una nubecita de polvo arremolinándose a su alrededor. Esa es la misma energía de estos sistemas de creencias, y siempre está arremolinándose a tu alrededor mientras también atrae lo que dices que no quieres. Tu campo energético lo dice todo y ¿eres consciente de ello?

BENEFICIOS INCONSCIENTES

Para la mayoría de la gente, la idea de que puedan estar sacando algo positivo de todo esto -por retorcido que sea- suele ser ligeramente espantosa. Forma parte de la negación. Pero consideremos algunos de los beneficios potenciales que puede estar obteniendo por aferrarse a sus limitaciones. ¿Te suena alguno?

1. Potencia
2. Seguridad
3. Seguridad
4. Control
5. Solo o darse espacio para escucharse a uno mismo
6. Paz
7. Relajación
8. Libertad
9. Atención
10. Amor
11. Venganza
12. Espacio
13. Respirar o tener aliento
14. Ser ingenioso

Cuando sueltas creencias y limitaciones inconscientes, te vuelves más congruente energéticamente con tus deseos y empiezas a tomar las acciones correctas. Abres la puerta a la posibilidad. Pero la mayoría de la gente no cree que valga la pena la posibilidad, así que ni siquiera abren la puerta. Aquí tienes un mazo con palabras: Libérate, ¡no te arrepentirás!

¿Por qué querrías generar MIEDO (Evidencia Falsa que Parece Real)?

Sólo hay una razón: limitarte en un mundo de posibilidades porque, a cierto nivel, esas posibilidades son desconocidas e inciertas. Así que, en lugar de enfrentarte a ellas y/o a sus consecuencias percibidas, te limitas y te mantienes en tu sitio.

Cuando pregunto a la gente: "¿De qué tienes miedo?", suelen responder con comentarios como: "No tengo dinero", "Dejaré a mi familia y ya no me querrán", "No sé cómo, así que prefiero ni mirar". A veces dicen que implica "demasiado trabajo". O tal vez tienen una enfermedad o dolencia. Hay muchas razones, y todo el mundo las tiene. "Soy feo. Me avergüenzo. Soy un error". Estas son las "razones" por las que no se ponen a crear su vida. Y aunque en realidad son excusas, con demasiada frecuencia las personas eligen creer que son ciertas en lugar de crear una realidad diferente, la realidad que realmente quieren tener. Si esto te suena a ti, intenta hacerte las siguientes preguntas:

¿Qué hace que la razón -o la "falsedad"- sea tan vital que prefieras creer la mentira a crear la verdad?

¿Qué función cumple y a quién sirve (normalmente no sólo a ti)?

¿Qué beneficio o recompensa obtiene por continuar?

¿Qué estás aprendiendo?

¿Cómo te motiva "esto"?

¿Qué "cosas buenas" te está enseñando?

¿Has completado hoy este patrón?

¿Qué harás para cambiar esto?

La clave está en preguntar y prestar atención al cuerpo, porque las verdaderas respuestas vienen del cuerpo, no de la cabeza. Escuchas *y* sientes la respuesta, a menudo acompañada de una sensación de liberación. Cada vez que sueltas una creencia inconsciente, te alineas más con la presencia y con tu firma espiritual única. Arriésgate al cambio, tu cuerpo no te defraudará..

La forma de entrar es empezar a sacudir los barrotes de la jaula. Deja que caigan las lágrimas. La emoción es energía en movimiento. La jaula representa lo que has retenido en tu cuerpo y no has sido capaz de liberar. Puedes tomar conciencia y sintonizar con la pesadez y la densidad de lo que antes te resultaba invisible. Hazte preguntas como: "¿Quién sería yo sin mis limitaciones y cómo viviré sin ellas?". Deja que tu cuerpo responda y te ofrezca posibilidades mucho mayores para tu vida. Sólo tienes que empezar por algún sitio.

Pregúntese lo siguiente Y escribe tu visión respondiendo a estas preguntas. Estás creando tu futuro:

¿Cómo sería tu vida sin esas limitaciones?

¿Quién está contigo?

¿Qué incluye?

¿Qué percibe?

¿Cómo se siente en tu cuerpo?

Eso es la tolerancia: hacer y hacer y hacer porque necesitas más para obtener el mismo resultado. En psicología, llaman a esto "teoría dependiente del estado". Significa que no puedes recordar o cambiar o llegar a lo que quieres llegar a menos que te encuentres en ese estado exacto, en el que creaste el problema o tomaste esa decisión que ahora ha quedado obsoleta. Por eso la gente piensa, *déjame beber para llegar a esa diversión o déjame tomar drogas para llegar a esa conciencia o permanecer en una dinámica tóxica, excusando la degradación y el desempoderamiento.* Puedes simplemente preguntar a tu cuerpo y elegir lo que funciona para ambos.

La realidad es que puedes llegar a la conciencia que deseas. Puedes deshacerte de todas las mentiras con las que has estado viviendo. Y puedes salir de la jaula. Empieza estableciendo objetivos sobre lo que quieres cambiar. Sabes si eres un malhumorado. Sabes si culpas a todo el mundo de todo. Sabes si tu situación económica ha cambiado o no. Sabes si eres feliz sexualmente o no. Sabes si eres feliz en tu cuerpo o no. Sabes si eres feliz en tu negocio o no. Lo sabes. Sí, y si no lo crees, tu Cuerpo sí lo cree. Escucha

Sólo hace falta valor para enfrentarse al pasado. ¿Cuál es la realidad hoy? A la gente le da mucho miedo, pero la realidad es que estás viviendo *tu pasado en tu presente.* Y no es tanto que te dé miedo, lo que da más miedo es que, en cierto nivel, te beneficias de ello. ¿O no? *Esa es* tu verdadera jaula.

EJERCICIO: DENTRO DE LOS BARROTES DE LA JAULA

Imagina que estás dentro de esta jaula y que la puerta está cerrada con llave. La jaula tiene doce barrotes. Cada uno de los barrotes representa un miedo o una limitación a la que te aferras y que te impide estar plenamente vivo.

Corta un trozo de papel en doce tiras largas y escribe en cada una de ellas el miedo, el mensaje, la limitación, lo que sea que estés permitiendo que viva en tu cerebro y te retenga. En el reverso de cada tira, enumera una o varias acciones que puedas llevar a cabo para deshacerte de ese obstáculo. Al final de este ejercicio, puedes triturar o quemar los papeles como símbolo de que has salido de la jaula. Te reto dos veces. ¿Qué tienes que perder?

LA SABIDURÍA DEL CUERPO

La cognición corporal consiste en aprender a escuchar al cuerpo, a responder a él...

con amabilidad y entablar una relación con él, para que pueda sentir que tiene

domina tu sistema y consigue vivir la vida que quieres vivir.

— HOLLY BRIDGES

El cuerpo es un sistema de navegación similar a un GPS. Pero por mucho que nos maravillemos de las capacidades de la tecnología, la "tecnología" de nuestro propio cuerpo es mucho mayor, sobre todo si tenemos en cuenta que, sin la intuición (aquí dentro), la tecnología (ahí fuera) no existiría. Ciertamente, algunas de las mentes más brillantes del mundo lo han admitido, desde Albert Einstein, que dijo: "Todos los grandes logros de la ciencia deben partir del conocimiento intuitivo". Yo creo en la intuición y la inspiración..." hasta Steve Jobs: "Ten el valor de seguir tu corazón y tu intuición. De alguna manera, ellos ya saben lo que realmente quieres llegar a ser. Todo lo demás es secundario".

CONCIENCIA INTUITIVA

A medida que tu cuerpo comience a alinearse más energéticamente con la presencia, descubrirás que es mucho más fácil acceder a tu intuición y conciencia del futuro. Esto en sí mismo puede ser una razón por la que muchas personas optan inconscientemente por permanecer en su jaula. A veces parece que la ignorancia es felicidad y menos responsabilidad. Un futuro conocido puede ser tan aterrador como uno desconocido para los no iniciados. Tener acceso a tu intuición te mantiene alejado de los problemas.

La intuición en sí es sutil, por lo que a menudo se manifiesta de pequeñas maneras. Por ejemplo, esa mañana puedes pensar que tu pareja está enfadada contigo, aunque no lo esté. El día va bien entre vosotros, pero doce horas más tarde se enfada contigo. Este tipo de "aviso" puede facilitar tu relación mucho más que quedarte atrapado en el ciclo de las cuatro D y no prestar atención ni escuchar a tu intuición.

Por ejemplo, te rompes un brazo al caerte del caballo cuando tu pareja tiene una aventura de la que no quieres enterarte (a mí me ha pasado). O quizá te cortas un dedo con el cuchillo por la mañana y te retrasas en el pago de las facturas. Por supuesto, estos sucesos nunca parecen estar relacionados, pero fíjate en cómo llaman tu atención. Afortunadamente, estas experiencias empiezan a ocurrir cada vez con menos frecuencia porque a) no las necesitas y b) lo sabes intuitivamente antes. Ahora sólo es cuestión de si le vas a hacer caso.

Estar en comunión con tu cuerpo no es lo mismo que "trabajo corporal". Aunque llevaba años realizando diversas formas de "trabajo corporal" -tanto para mí misma como facilitando a otras personas-, no fue hasta hace unos años cuando me puse en sintonía con mi cuerpo. Ahora me doy cuenta de que siempre me estaba hablando, tanto si le escuchaba como si no. La diferencia hoy es que no sólo sigue hablándome, sino que yo también le hablo cada día. Es una comunicación bidireccional.

Solía sentirme muy incómoda en mi cuerpo. Me sentía como si tuviera bichos bajo la piel. Tenía todas estas energías de otras personas en y sobre mi cuerpo - las realidades de otras personas. No pensaba mucho en mí misma y tenía una larga lista de juicios sobre lo que creía que era. Y no fue hasta que decidí mirar en mi interior que descubrí que no era lo que estaba comiendo, sino lo que me estaba comiendo a mí. Creía que tener un cuerpo era feo, que el placer era vergonzoso, que ser mujer significaba ser maltratada. Ese es el tipo de pensamiento con el que alimentaba a mi cuerpo que no podía "digerir", y el espejo era que tampoco podía digerir o metabolizar mi comida. Y cuando tu cuerpo no puede o no digiere lo que le das de comer, la inflamación se acumula y puede causar aumento de peso.

En mi caso, era la separación entre mente y cuerpo, y no fue hasta que empecé a indagar y a escuchar a mi cuerpo que empezó a cambiar. *¿Qué quiere decir ese dolor? ¿A quién pertenece ese dolor? ¿Qué decisión he tomado? ¿A qué conclusión he llegado? ¿Cómo he vivido mi vida y cómo he modelado mi vida de acuerdo con esas decisiones y conclusiones? ¿Cómo he moldeado mi cuerpo de acuerdo con esas decisiones y conclusiones?* Porque si crees que eres malvado, equivocado, malo, terrible, vergonzoso, espantoso o feo, tu cuerpo puede reflejar esas cosas en la manera en que se ve, se moldea, se forma y se siente.

Por eso lo llamo el cuerpo del cambio, el cuerpo de la posibilidad. A medida que cambias tu percepción, tu cuerpo cambia para adaptarse a tu percepción. Pero no ocurre por accidente. Lo liberas mediante el compromiso y la elección de ser un buen amigo para ti mismo, de ser una expansión con frente a una contracción contra. Entonces tu cuerpo es tu amigo, el vehículo a través del cual vives tu vida, colaborando activamente contigo para lo que es más expansivo para tus mayores deseos, para lo que hace cantar a tu corazón. Tienes una nueva relación contigo mismo. Te sientes bien personal y profesionalmente y, como un superpoder, entras en acción para crear tu vida con diversión y facilidad y la alegría de vivir.

Esta es la promesa y el poder de crear un diálogo y abrir las líneas de comunicación con tu cuerpo, porque tanto el problema como el resultado existen en la comunicación, en la historia que te cuentas a ti mismo. Cuando cambias la historia, cambias el resultado.

Cuando estás lleno de problemas, no hay lugar para que entre nada nuevo, no hay espacio para una solución. Así que, siempre que puedas, haz sitio, deja espacio...

— ECKHART TOLLE, *EL PODER DEL AHORA*

Nuestros cuerpos son capaces de cambiar, y sólo hace falta una elección para provocar ese cambio, y es estar en comunión -en conversación- con tu cuerpo. Y no tiene por qué ser una "gran" elección.

EL CAMBIO DE UN GRADO

Nuestro lenguaje se encuentra en cada hilo y fibra de nuestra realidad. Cambiando una palabra

dentro de nosotros mismos, expandimos, contraemos o alteramos nuestra Conciencia, nuestra conciencia,

y nuestra realidad. Los pensamientos y las conversaciones de las generaciones que nos precedieron siguen resonando como verdaderas y reales en nuestras vidas.

— ROBERT TENNYSON STEVENS

Si estás dispuesto a sentir un solo sentimiento que no hayas sentido antes sobre una situación concreta de tu vida -con tu padre, tu madre, tu jefe, tu cónyuge o cualquier otra persona-, eso es un cambio de un grado. Si estás dispuesto a poner palabras a una cosa que sabes y que ni siquiera sabías que sabías, eso es un cambio de un grado.

Siempre que trabajo con clientes, les pregunto: "¿Cuál es tu cambio de un grado ahora mismo? ¿Cuál es tu intención, una vez que termines esta sesión?". En un momento dado, un cambio de un grado para mí fue: "Pase lo que pase, hoy voy a hacerme feliz. Y voy a estar agradecido por todo". En ese momento, no sabía cómo ser feliz o estar agradecido por nada, así que decidí que ese era mi cambio de un grado. No importaba lo que pasara. Incluso si era una mierda, iba a estar agradecido por ello.

En otra ocasión, mi cambio de un grado fue: "Pase lo que pase, voy a salir todos los días y daré un paseo de treinta minutos. Voy a cronometrarlo en mi teléfono, y no voy a hacer ningún negocio". Pronto mis treinta minutos se convirtieron en una hora, y luego mi hora se convirtió en hora y media. Y entonces no quería volver al trabajo, pero cuando lo hacía, si tenía que volver al trabajo, siempre era mejor porque tenía espacio. Eso es lo que hace un turno de un grado. Te da espacio. Cuando eliminas creencias como que soy *un error, que no me quieren, que me avergüenzo, que no soy nadie, que soy un fraude* de tu conciencia celular en tu cuerpo, te sientes más ligero y más libre. Eso es un cambio de un grado.

¿Qué sería para ti un cambio de un grado? Podría ser tan sencillo como enfrentarte a algo de tu pasado (he dicho *sencillo*, no *fácil*). O podría ser reconocer lo fuera de control que te sientes. Ponlo en tu mundo. Puedes decirlo en voz alta o susurrártelo a ti mismo. Luego escríbelo. Hazlo realidad.

¿QUÉ ES PARA MÍ UN CAMBIO DE UN GRADO?

Aquí tienes una lista de ideas para empezar el día con la energía de hacer cambios de un grado:

- Comprométase cada mañana a anotar un cambio de un grado para ese día.
- Lleve consigo el documento escrito y léalo en voz alta varias veces al día. (Las fichas funcionan bien para este ejercicio).

- Sigue esforzándote por vivir ese cambio de un grado cada día.
- *Hoy mi turno de un grado es...*
- *Hoy un agradecimiento es...*
- *Hoy una acción es...*
- *Un cambio de un grado para mí es...*

EL CUERPO COMO AMIGO

Recuerde que Roma no se construyó en un día, y sus sistemas de creencias tampoco. Si tienes una historia desde hace treinta años, es probable que no la sueltes de un plumazo. Sé paciente contigo mismo y con el trabajo. Una cosa con la que puedes contar es que tu cuerpo te dirá la verdad y te guiará para salir de los líos de tu vida. Hace poco alguien compartió conmigo lo siguiente

Tu cuerpo es tu amigo íntimo, un mejor amigo que nunca te ha mentido y nunca lo hará. Ten en cuenta estas señas de identidad:

Tu cuerpo:

- *es inquebrantable en su compromiso contigo y sólo existe para apoyarte en tu propósito más elevado.*
- *nunca se cansa de ti, no importa cómo lo trates.*
- *te proporciona una retroalimentación increíble,*

"imaginando" y reflejando tu estado mental, sin juzgarte.

- *responde a todas tus órdenes.*
- *es tu proyecto, tu creación, tu regalo al mundo.*
- *nunca te extraviará, ni por un momento.*
- *es pura devoción a tu entera disposición.*

A menudo la gente no quiere entrar en su cuerpo, porque si lo hacen, recordarán el pasado porque su cuerpo lo recuerda todo. Es tu mente la que no recuerda. Tu mente no quiere recordar. Pero tu cuerpo lo recuerda todo. Una mujer con la que trabajé en un taller se empeñaba en quedarse en su cabeza, sin importar cuántas veces le pidiera a su cuerpo que respondiera bien. Seguía diciendo que era "expansivo", que era su cuerpo, pero yo me daba cuenta de que respondía desde su cabeza. Finalmente, se abrió a su cuerpo. No se resistía a propósito, era inconsciente. Estar en su cuerpo era doloroso porque había encarnado una creencia sobre ser fea. Quería evitar que la hirieran y prefería estar en el futuro o en su mente que en el presente.

La realidad es que, por aterrador que pueda parecer, el miedo en sí lo genera tu mente y sólo representa un diez por ciento de ti. Por lo tanto, navegar por una experiencia como ésta consiste realmente en dejar de centrarte sólo en ese diez por ciento de ti -tu mente- para centrarte en el noventa por ciento de ti que es tu cuerpo.

Sentir te acercará más a la verdad de lo que eres que pensar.

— ECKHART TOLLE

Tu cuerpo es un regalo. Es una posibilidad. No es un manto muerto que llevas contigo. Y te hablará si se lo permites. Pero *primero* tienes que escucharlo a él, no a lo que digan los demás.

Porque si te centras en tu cuerpo, las cosas cambiarán. Pregúntate a ti mismo: *¿De qué soy consciente que no he cambiado y que a mi cuerpo le gustaría cambiar? ¿Qué me daría más tranquilidad o paz?* Entonces escucha. Y escucha su energía, no sólo la respuesta.

Mirando hacia atrás, he visto que es la energía del amor, el espacio y el sentirme bien conmigo misma, más que los pensamientos autodestructivos o las creencias autosaboteadoras, lo que ha cambiado todo en mi forma de ver la vida de dentro a fuera y de fuera a dentro. Nuestro cuerpo es un organismo sensorial que se comunica: todo lo que expresa es una comunicación de algo. La pregunta es: ¿qué te está diciendo exactamente tu cuerpo? Una forma de saberlo es notando cómo se *expande o contrae* cuando le viene un pensamiento. Así que, pregúntate ahora mismo, *Cuerpo, ¿eres feliz en este momento?* ¿Qué sientes? ¿Expansión o contracción?

SÍ O NO

Piensa en tu cuerpo como una especie de "meditación sensorial". Puedes utilizar tu cuerpo para sintonizar con la información que necesitas y que puedes estar pasando por alto para tomar decisiones. Por ejemplo, yo tengo un negocio internacional y me pongo en contacto con mi cuerpo para saber en qué zonas es mejor que me centre. *¿Debo centrarme ahora en Turquía, los Países Bajos o España?* O si tengo algún tipo de dolor o tensión en el cuerpo, o tengo un conflicto en una relación, lo primero que le hago a mi cuerpo son preguntas como éstas:

1. *¿De qué me negaba a ser consciente?*
2. *¿Qué he dejado escapar?*
3. *¿Dónde se requiere mi atención ahora?*
4. *¿Cómo pude verlo venir y no prestarle atención?*

Tu cuerpo, como sistema de guía innato, no te defraudará. Se comunicará contigo y tiene una forma particular de darte respuestas a tus preguntas, una forma en la que te dice "Sí" o "No". El cuerpo no hace "quizás". Generalmente, un "Sí" se sentirá expansivo y un "No" se sentirá contractivo en alguna parte de tu cuerpo, o quizás en general. Cada persona tiene que descubrir y cultivar su propio sistema de "mensajes". Descubre qué es un "Sí" en tu cuerpo y qué es un "No". Normalmente, vas a sentir algo en tu cuerpo y va a tener una descripción. Por ejemplo, puedes sentir tensión en el estómago. Puede tener un color asociado. O tal vez la sientas en la cabeza o en el corazón. Cuando empieces a estar más conectado y a ser más consciente de tu cuerpo, puede que te des cuenta de que durante gran parte de tu vida has estado viviendo en un estado contraído. El gran cambio es despertar a eso para que puedas empezar a vivir en expansión y posibilidad.

Comienzo sencillo:

Di tu nombre en voz alta.

"Mi nombre es..."

¿Notas dónde sientes ese conocimiento en tu cuerpo?

Ese sentido es tu "Sí".

Ahora di: "Soy una rana".

¿Notas dónde responde tu cuerpo?

Este es tu "No".

Juega con esto a diario.

Bienvenido a tu verdadero sistema de navegación: ¡tu cuerpo!

Tu vida no mejora por casualidad, mejora por el cambio.

— *JIM ROHN*

A medida que evolucionas y cambias, tu "Sí" y tu "No" también cambian. A veces es la gente que atraes a tu vida, o el tipo de ropa que llevas, o las actividades que realizas. Las cosas a las que ahora digo que sí son muy diferentes de cuando bebía alcohol, por ejemplo. Y a lo que digo que no ahora es diferente porque hay una sinergia con hacia dónde voy. Tengo diferentes objetivos de deseo y lo que estoy actualizando. Antes sólo intentaba navegar a través de todas las formas en que me identificaba con el mundo y las creencias que llevaba que no estaban en línea con la huella de mi alma.

Cuando vives separado y fragmentado de tu cuerpo, todo está separado y fragmentado. Así, por ejemplo, si intentas crear algo en tu negocio, puede que llegue a buen puerto, pero será difícil. Será demasiado tarde, con prisas u otra cosa. A medida que te vuelvas más congruente con la huella de tu alma, atraerás a personas diferentes que antes no podías atraer porque estabas muy fragmentado. Tendemos a atraer a personas que están al mismo nivel o por debajo de nuestra propia fragmentación o desconexión. Las energías coinciden con nuestras luchas y, como resultado, eso es exactamente lo que aparece.

SENSIBILIDAD AL MUNDO QUE LE RODEA

Nuestros cuerpos son extremadamente sensibles al mundo que nos rodea, y llevamos la energía de otras personas en nuestro propio cuerpo sin darnos cuenta. Pero puedes tomar conciencia en cualquier momento en que decidas hacer una pausa e indagar. ¿Cuántas veces te has despertado muy cansado y de mal humor, aunque te acostaste bien y dormiste bien? ¿A qué se debe? Está relacionado con algo. ¿De qué eres consciente? ¿Quién viene a tu mente ahora mismo, mientras piensas en ello?

En mis talleres enseño muchas técnicas de sanación energética para ayudar a la gente a limpiar y disipar estas energías, lo que les alivia mucho. Y lo que es más importante, aprenden a ser conscientes ellos mismos de las conexiones. Una persona se despertó con migraña, dolor de cuello y de espalda. Pudimos llegar a toda la situación con sólo hacer preguntas como éstas:

- *¿A quién conoce?*
- *Si el dolor pudiera hablar, ¿qué diría?*
- *¿De quién es el dolor?*

No todo lo que experimentas tiene su origen en una experiencia pasada. Cuanto más trabajes para limpiar tu pasado y el impacto que está teniendo en tu presente, más podrás captar las energías del mundo. Lo que sientes puede estar relacionado con alguien que conoces, o puedes sentirte como un niño que sufre en Arabia Saudí. Hacemos esto porque, como humanos, somos seres energéticos y organismos sensoriales moleculares conectados a todos y a todo.

Somos uno a nivel cósmico. En lugar de preguntarnos por qué es así, es más beneficioso centrarse en la pregunta: "¿Qué puedo hacer con esta energía ahora que sé que no es mía?". Y hay muchas formas de desprenderse de la energía. Puedes dársela a la tierra, enviarla a la luz, enviarle amor, ponerte de rodillas y rezar, o golpearla contra una bolsa. La cuestión es aprender a discernir entre lo que es tuyo y lo que es de otro. De niño, crees que todo lo que piensas y sientes es tuyo cuando, como ser altamente sensible y conectado, estás tratando no sólo con tu madre, tu padre, tus hermanos y hermanas, tías y tíos, profesores... y Dios sabe con quién más en un momento dado.

EJERCICIO: (SUGIERO HACERLO TRES VECES AL DÍA DURANTE 21 DÍAS)

1. Escribe los mensajes que tienes sobre tu propio cuerpo. El objetivo es sacar esos mensajes de tu cabeza y admitirlos por escrito. Para ayudarte con este ejercicio, puede ser útil que pienses en los comentarios negativos que te haces a ti mismo dentro de tu cabeza. Escribe ahora diez creencias o frases sobre ti.

2. Reflexiona sobre tu cuerpo físico. ¿Lo amas? ¿Por qué lo criticas? ¿Por su peso? ¿El aspecto? ¿El movimiento? Escribe ahora diez críticas sobre tu cuerpo. Nota: pueden ser iguales/similares a las anteriores.

3. ¿Qué "molestias" experimenta en su cuerpo? ¿Eres propenso a las enfermedades? ¿Tiene dolores constantes? ¿Sufre frecuentes dolores de estómago? ¿Alguna vez le cuesta respirar? ¿Cuándo y por qué? Escribe ahora diez malestares o incomodidades de tu cuerpo.

4. Cierra los ojos.

5. Coloque una mano sobre el timo (centro del corazón) y otra sobre el hueso púbico (parte inferior del abdomen).

6. Deja caer la mandíbula mientras respiras por la boca tres veces.

7. Ahora agarra la energía con tus manos psíquicas, y puedes usar tus manos reales y lanzarla...

8. Abajo a la tierra cinco veces.

9. Hasta el cielo cinco veces.

10. Delante de ti cinco veces.

11. Ahora, respira de nuevo por la boca tres veces.

12. Expándete y toca las cuatro esquinas de la habitación en la que te encuentras con las manos en el timo y el hueso público, sintiendo los pies en el suelo.

13. Expándete a las cuatro esquinas de la ciudad en la que te encuentras.

14. Expándete a las cuatro esquinas del Estado en el que te encuentras.

15. Expándete a los cuatro puntos cardinales del país en el que te encuentres.

16. Expandirse a las cuatro esquinas de la tierra, como si hubiera cuatro esquinas en la tierra.

17. Expandirse hasta las cuatro esquinas, si las hubiera, del universo.

18. ¿Notas la diferencia? ¿Qué hay de nuevo?

19. Escríbalo y/o diga lo siguiente con las manos aún sobre el timo y el pubis:

20. ¡He cambiado!

21. ¡Sé que he cambiado!

22. Sé que he cambiado porque...

SANAR LA DESCONEXIÓN

Los seres humanos tienen la oportunidad de pasar ahora de una vida centrada en el miedo y cargada de adrenalina a una vida plenamente inteligente desde el punto de vista corporal. La inteligencia corporal amplía nuestra perspectiva más allá del miedo, hacia la rica sabiduría milenaria que albergamos en nuestras células.

— *GAY HENDRICKS*

Confiar en ti mismo y en la sabiduría de tu cuerpo sólo puede llegar cuando te permites dejar de estar en el universo de los demás y de juzgarte a través de los ojos de los demás. No tienes que justificar tu valor o tu valía.

Durante mucho tiempo, sentí la necesidad de decirle a la gente en qué estaba metida o qué certificación estaba obteniendo, y surgía de lo que me daría aceptación, de lo que me daría promoción, de lo que me daría la apariencia de que era correcta o buena o mejor. No fue hasta que fui capaz de dejar de mirar desde la perspectiva de los demás que encontré la mía propia. Y no ocurrió de la noche a la mañana, sino que empezó con ese momento frente al ordenador hablándole a mi cuerpo.

Empecé a explorar y cultivar mis relaciones de un modo diferente, centrándome primero en las relaciones personales, las de "ahí fuera". Luego me fijé intensamente en mis relaciones "interiores": mi relación con uno mismo, mi relación con mi salud, la relación de mi negocio con el dinero, y mis finanzas personales y mi relación con el dinero. Me sumergí: *¿soy feliz?* Como era de esperar, descubrí que no era feliz. Y no era feliz con lo que estaba creando ni con cómo lo estaba creando.

Si usted es una persona infeliz pero no lo ha confesado y ha hecho todo lo posible por ignorar por qué, tiene mucha compañía. La autocomplacencia tiene sus ventajas, al menos hasta que algo nos sacude. Un buen ejemplo es el año 2020, cuando tuvimos una pandemia mundial que obligó a la gente a quedarse en casa. Nos quedamos atrapados en casa con la gente con la que vivimos. En esas circunstancias, es bastante difícil ignorar cómo están contigo y cómo estás tú con ellos... o cómo estás con tu cuerpo y cómo está tu cuerpo contigo... o cómo estás con tus amigos y, en realidad, ¿son realmente amigos? De repente, no puedes ignorar lo que aparece en tu cuenta bancaria y lo que no. No puedes ignorar las pesadillas cuando antes podías alejar los malos sentimientos manteniéndote ocupado, haciendo y evitando. No puedes ignorar la frustración que sientes con tu madre o tu padre, o el dolor y la devastación que sientes porque ya no están aquí y cómo eso ha influido en tu vida.

Pero si quieres cambiar tu vida, no puedes seguir confiando ni tolerando esas situaciones del pasado. Este trabajo trata de "No me gusta mi vida y quiero cambiarla". Tal vez te guste algo de tu vida, pero debes ser despiadadamente honesto para afrontar y crear de forma diferente cualquier parte de tu realidad.

Responde a estas preguntas:

- *Nombra la parte de tu vida que no te gusta y comprométete a hacer lo que sea necesario para cambiarla.*

- *Nombra la parte de tu comportamiento que no te gusta y comprométete a hacer lo que sea necesario para cambiarla.*
- Haz tu elección ahora. Afírmalo en voz alta.
- *Elijo...*
- Ahora, ¿cuál es tu acción para seguir tu elección? No importa cuál sea. Lo más importante es que haya una acción.
- *Yo...*
- Nombra una gratitud que tengas ahora mismo...
- *Estoy agradecido porque...*
- *Estoy agradecido por...*
- *Estoy agradecido por...*
- Ahora, fíjate en tu cuerpo...
- Saluda...
- Date un abrazo.
- Di: "Te quiero".
- Di: "Gracias, Body".
- Ahora, ve a ser grande.
- Y sigue siendo tú.

Cuando supe que tenía alergia al alcohol y tomé la decisión de dejar de beber, tuve que aprender a vivir sin esa muleta cada día. Esa solución fue sustituida por los 1º Turnos™ diarios. Ahora había un espacio para ver las cosas que podían ser mejores. Antes, me hubiera gustado simplemente tomar una copa y no ver nada de eso. No echaba de menos el alcohol - pero tampoco quería echar de menos mi vida, ni la responsabilidad, el control y la creación de mi realidad. Ese deseo me llevó a encontrar o desarrollar herramientas y técnicas que me ayudaran a escapar de la jaula y del círculo vicioso de las cuatro D.

HERRAMIENTAS Y TÉCNICAS PARA LIBERARSE DE LA JAULA

1. LA TÉCNICA ROAR

La Técnica Roar® es una técnica somática para eliminar traumas del pasado verbal, energética y somáticamente. Elimina las limitaciones, esas creencias inconscientes por las que no sabes que estás viviendo y que son las que te mantienen enfermo. Es una herramienta que puedes utilizar todos los días de tu vida, si quieres, para liberarte de dolores y molestias. Me gusta utilizar la analogía de un horno autolimpiable: no tienes que esperar a que nadie lo haga por ti. A veces les digo a mis clientes que pueden meterse en el baño, trabajar la técnica y, pum, salir del baño, volver al trabajo y conservar su empleo. Y, a veces, sorprendentemente, lo hacen.

La versión abreviada de la Técnica Roar® es:

1. *¿Cuál es la situación actual?*
2. *¿Qué está planteando?*
3. *¿Con qué está relacionado?*
4. *Oh, Dios mío, esto es lo que decidí - este es el sistema de creencias.*
5. *No quiero hacer esto ahora. ¿Cómo puedo cambiarlo?*
6. *¿Por qué estás agradecido?*
7. *Pasa a la acción: realiza el 1º Shift ™.*

Cuanto más haces el trabajo, más se interioriza, de modo que al final, cuando aparece un dolor, puede que sólo tengas que hacer una pregunta como: "Cuerpo, ¿qué intentas decirme?". Entonces dejas que tus emociones salgan de la jaula. Recuerda que la emoción es energía en movimiento, así que no hay necesidad de frenar en seco, mantener el cuerpo rígido y tenso o adoptar las cuatro D (negación, defensa, desconexión, disociación) e intentar ignorarlo todo. El objetivo es aprender a permanecer en el presente.

"Es fácil permanecer presente como observador de tu mente cuando estás profundamente enraizado dentro de tu cuerpo. No importa lo que ocurra en el exterior, ya nada puede sacudirte".

— *ECKHART TOLLE*

---

2. LAS CUATRO ESES Y LAS CUATRO CES

Como un pajarillo que ha estado en el nido y está listo para partir, a veces necesitamos encontrar nuestras alas para facilitar nuestro vuelo hacia la libertad. Éste es el papel de las cuatro Es (abrazar, examinar, encarnar y expandir) y las cuatro C (elegir, comprometerse, colaborar con el universo y crear). Como en una hermosa danza, primero te guía una y luego la otra para ayudarte a salir del ciclo de las cuatro D (véase el Capítulo Dos).

En primer lugar, déjame explicarte qué significa cada una de las cuatro Es, seguidas de las cuatro C, y luego te daré un ejemplo de cómo funciona todo y puede fluir en conjunto para sacarte de la jaula y llevarte a la libertad de crear.

LAS CUATRO ES

ABRAZAR ES RECONOCER LA PRESENCIA DE ALGO Y ESTAR CON ELLO.

Pase lo que pase, estás dispuesto a afrontarlo y sentirlo. Lo abrazas y lo dejas estar en tu conciencia sin juzgarlo. Es una forma de aceptación de lo que está sucediendo y de lo que sientes en tu cuerpo en este

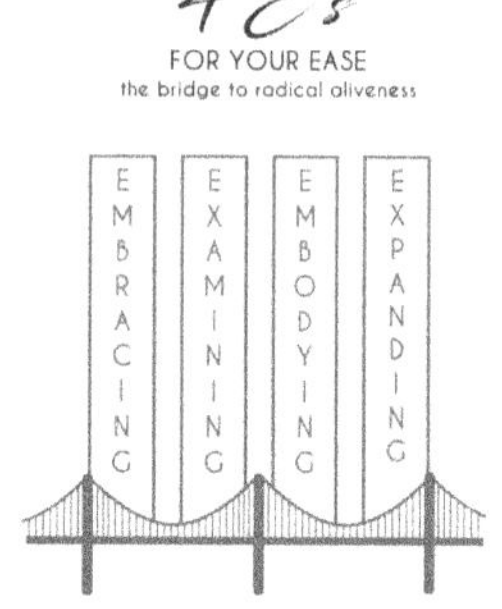

momento. Es honestidad rigurosa, apertura y voluntad de conocer tu verdad y vivir por y para ella con facilidad. Personalmente, este fue el trabajo más profundo, rico y duro para mí. Pero ahora merece la pena.

Nombra una cosa que te hayas negado a ABRAZAR ahora mismo.

EXAMINAR ES HACERSE PREGUNTAS Y TOMAR CONCIENCIA DE LO QUE OCURRE Y DE LO QUE SE NECESITA PARA CAMBIARLO.

Se trata de explorar lo que tu cuerpo está sintiendo en ese momento: una inmersión profunda en la indagación, sin dejar piedra sin remover. Estás dispuesto a escuchar y recibir la respuesta.

Nombra la conciencia a partir de lo que ahora estás EXAMINANDO.

INCORPORAR ES INCLUIR O DAR FORMA O EXPRESIÓN VISIBLE A ALGO.

Se trata de incluir tu verdad y entrar en comunión con tu cuerpo. Es donde la posibilidad de ser tú es una elección en lugar de una mera esperanza o un sueño. Es una apertura a una nueva realidad, y empiezas a moverte hacia ella. Te sientes mejor, más ligero y menos denso.

Nombra lo que sientes que estás EMBORDANDO en este momento.

EXPANDIRSE ES ELEGIR - ELEGIR OCUPAR EL ESPACIO DE *TI* PARA VIVIR Y SER PLENAMENTE.

Ya no estás en la jaula. A medida que expandes tu energía como espacio, le das a tu cuerpo lo que necesita para estar tranquilo. En lugar de contraerte de nuevo en la jaula, te expandes y reclamas tu espacio como un ser que elige vivir libre. Estás tomando conciencia de que existes y de que tienes la opción de elegir la vitalidad radical. Este cambio de un grado, una y otra vez, crea la vida que siempre has sabido que es posible en la realidad, no en deseos o fantasías.

Afirma cómo sientes que te estás EXPANDIENDO en este momento.

LAS CUATRO C

Elegir es cada vez que eliges desde la ligereza de lo que es verdadero para ti, te das permiso para reconocer lo que estás eligiendo en lugar de que otras personas u otros factores del universo fuercen  elecciones en tu cuerpo y en tu vida. Elegir requiere que reconozcas lo que quieres, que nombres y declares lo que de hecho es tu elección. Elegir puede requerir valentía, ya que reconoces tus propios deseos aunque entren en conflicto con los de los demás. Elegir es quererte.

Comprometerse es clavar una estaca en el suelo con tus actos. Dices: "Esto es lo que exijo de mí. Esto es lo que ya no voy a tolerar". Cómo te comprometes con esto es tomando conciencia de ello y de lo que estás haciendo aquí. Y luego, no importa lo que esté pasando, abrazarlo. Comprometerse es la acción que sigue a tu elección. Aviva tu ser, tu cuerpo y actualiza el existir.

Colaborar es el universo diciendo: "¡Woohoo! Ahora tenemos algo que hacer. Vamos a dártelo". Colaborar también es estar contigo mismo. Cambias la conversación negativa y te animas continuamente a pasar a la acción y avanzar hacia lo que eliges. También buscas personas o situaciones que apoyen tu elección y compromiso de forma solidaria, rodeándote de energía e individuos que creen que mereces elegir. Colaborar también puede significar evitar conscientemente la colaboración con personas que no apoyan tus elecciones y que intentan obstaculizar tu compromiso y tus acciones. Te distancias de estas personas o aprendes a reconocer que sus palabras suelen ser falsas.

Crear es vivir radicalmente. Crear es ese estado expansivo y vigorizante en el que fluyen tus decisiones. Te has comprometido y has establecido una red de colaboración de apoyo. Ahora disfrutas dando los pasos que hacen que tus elecciones se hagan realidad en tu vida. Como has trabajado en las tres primeras C, tienes espacio en tu ser para abordar las tareas, y tu energía se centra en hacer en lugar de en evitar. Este es el 1º Cambio™ en acción y es sorprendentemente alegre y fortalecedor.

El marco de las cuatro Es y las cuatro C está diseñado para que llegues al punto de elegir más allá de donde has estado viviendo y creando, para que elijas la vitalidad radical para ti mismo y la conozcas como una posibilidad absoluta. Ya no es sólo una esperanza. Puedes sentirlo en tu cuerpo. ¿Por qué? Porque elegiste hablar, ser honesto, y comprometerte a escuchar, a no cerrar tu ira y emoción. Dejaste que el universo colaborara para conspirar y bendecirte. Pasaste a la creación consciente. Este es un nuevo ciclo positivo, constructivo y ascendente en el que quieres estar, en lugar del ciclo destructivo de las cuatro D. Te mueves fuera de la jaula eligiendo una vitalidad más radical - y aquí es donde quieres quedarte. La vitalidad es la energía del alma impresa en ti.

PRÁCTICAS DIARIAS

Tu cuerpo sabe cuándo está siendo cuidado, y lo haces tomándote tiempo para ti, dándote a ti primero. La mayoría de nosotros nos levantamos, tomamos una taza de café, nos duchamos y salimos corriendo para atender al mundo. Nos sentimos estresados desde el momento en que empieza el día. Tu cuerpo realmente apreciará que se le preste atención como si fueran amigos. Los 1º Turnos diarios™ son una forma de hacerlo.

1. ESTACIÓN DE CREACIÓN

La meditación es buena para nosotros: la ciencia lo ha demostrado. Aun así, sentarse con los ojos cerrados y respirar durante cierto tiempo no funciona para todo el mundo. Afortunadamente, hay muchas formas de meditar. Sólo tienes que encontrar la que mejor se adapte a ti. Yo tengo una rutina matutina que llamo mi "estación de creación". Hace lo mismo que otras formas de meditación: abre un espacio en mí en el que puedo escuchar a mi cuerpo hablarme, de modo que puedo elegir conscientemente lo que funciona para mí y para mi cuerpo cada día.

A la mayoría de nosotros nunca nos enseñaron a elegir. Crecimos haciendo o reaccionando a lo que nuestra madre, nuestro padre o nuestros profesores querían que hiciéramos, nos gustara o no. A algunas personas, como a mí, unos padres autoritarios nos planearon la vida: a qué colegios ir, qué títulos conseguir. No se nos ocurre que cada día es nuestro para crearlo, o que somos una posibilidad, y podemos elegirlo cada día.

Empiezo encendiendo velas antes de sentarme en mi puesto de creación. Siempre me centro en tres cosas: algo para mi cuerpo, mi negocio y algo personal. Cuando me preparaba para una operación reciente, por ejemplo, consulté uno de mis libros de "ángeles" con oraciones y las escribí para facilitar la curación física. O me comprometo a hacer algo sencillo:

Hoy, pase lo que pase, voy a estar agradecido.

Hoy, pase lo que pase, voy a ser vulnerable.

Hoy, pase lo que pase, voy a respirar cada vez que me sienta frustrado.

Tengo otra práctica cuando siento que estoy al borde de descontrolarme por comer demasiado azúcar para volver a tomar conciencia de que debo hacer que mi cuerpo se sienta mejor. Coloco la mano sobre el timo y el pubis, cierro los ojos y respiro. Luego pregunto: "Lisa, ¿qué te falta?". O "¿Qué te falta?". La respuesta que suele venir es algo sobre perderme o faltarme o echarme de menos. Ansia evitada. Honor activado.

Otras actividades podrían ser:

1. Leer las reflexiones diarias
2. Elegir un ángel o una carta de energía
3. Diario
4. Hacer preguntas:

Cuerpo, ¿qué te gustaría [vestir, hacer, comer, participar hoy]?

¿Qué haría cantar a mi corazón hoy?

Si elijo esto, ¿qué creará?

¿Esto es crear la vida que quiero?

¿Por qué hago negocios?

¿Qué me gustaría elegir y quién me gustaría ser hoy?

Lo importante es no dejar de cuestionar.

La curiosidad tiene su propia razón de ser.

— ALBERT EINSTEIN

Cualquier cosa que decida crear, o siempre que pido algo, siempre lo termino con mi frase favorita: "No sé cómo... sé que será". La uso para todo. Si necesito que alguien ocupe un puesto en mi negocio, o si me gustaría que llegaran tres nuevos clientes o más dinero, puedo añadir: "Esto me llega con total facilidad. Universo, muéstramelo. Estoy agradecido y realizado. Y así es". Y siempre aparece.

Puedes crear tus propias prácticas 1º Shift™ para el bienestar o para vivir radicalmente vivo. Puede ser algo tan sencillo como sentarse en el balcón y disfrutar del sol. Lo principal es tener una práctica que funcione para ti y dejar que cambie a medida que tú cambias - una práctica diaria - de comprobar con tu cuerpo, y para actualizar lo que sea que quieras centrarte en ese día o crear en el futuro. Tenemos una curiosa forma de olvidar, así que la repetición y la acción te mantendrán recordando las cuatro C: Elegir, Comprometerse, Colaborar, Crear. Cada mañana me elijo a mí primero. Me comprometo a ello cada mañana, y el universo colabora conmigo y lo crea para mí y conmigo, y yo lo hago por mí. Entonces estoy listo para seguir con mi trabajo el resto del día. Nunca soy una víctima, siempre soy una creadora y una creadora consciente con mi increíble cuerpo de cambio.

2. LA CAJA DEL UNIVERSO

No tenemos que "hacerlo" todo nosotros mismos, y esta práctica nos lo recuerda. Como mínimo, puede que te aleje del modo de pensar o planificar en exceso. Los milagros ocurren y, sí, a veces basta con preguntar. ¿Por qué no dejar que el universo colabore contigo?

Para este 1º Shift™, escribe lo que quieres crear o desear y luego pon el papel en tu Caja del Universo. Yo lo veo como un caldero hirviendo a fuego lento. Sabes que se está cocinando y que sólo necesita que lo remuevas de vez en cuando. Le doy energía a mi deseo sabiendo que está ahí, pero no lo leo ni le presto atención todos los días. No sé cuándo aparecerá, pero sé que lo hará.

3. LIBERAR LAS ENERGÍAS DE LOS DEMÁS

Siéntate contigo mismo entre cinco y quince minutos y plantéate las siguientes preguntas:

¿Qué creencias estoy dispuesto a abandonar?

¿Qué juicios sobre mi cuerpo se han agotado?

¿En qué personalidad me he convertido que no sea mi verdad?

Después, pide perdón a tu cuerpo por haber asumido la energía de otras personas y no haberle hecho caso. También puedes escribir una carta a tu cuerpo y luego quemarla o leérsela a un amigo que no te juzgue por ello. O dar un paseo por el bosque y gritar a pleno pulmón que no vas a permitir que otras personas se apoderen de tu cuerpo nunca más. Libérate de la forma que te parezca mejor. Empieza donde estás y empieza hoy. Cierra la puerta de atrás, clava una estaca en el suelo y di: "No. Voy a decir no".

4. ENCONTRAR LA GRATITUD

Me encantan los turnos de agradecimiento. Uno de mis favoritos es decirle a alguien -a tu pareja, a un amigo, incluso a un conocido- tres cosas por las que estás agradecido. Es una forma maravillosa de terminar el día y, sobre todo con tu pareja, puede conectaros entre vosotros y con el mundo en general.

Otro ritual consiste en reconocer y agradecer las decisiones que has tomado cuando antes estabas congelado o retenías algo en tu cuerpo, y ahora eres libre. Empiezo esto respirando en mi cuerpo y dándole las gracias, permitiéndole que me dé conciencia de algo por lo que estoy agradecido. Como siempre hay un regalo debajo del patrón de retención, la tragedia, el trauma, el sabotaje, la limitación o el dolor, también puedes pedírselo directamente a tu cuerpo:

¿Qué es lo mejor de todo esto?

¿Cuál es el regalo?

¿Por qué es tan valioso?

¿Qué me aporta?

¿Qué me enseña?

¿Qué estoy aprendiendo?

A continuación, reconoce que ya está hecho y que has elegido de otra manera. Da las gracias a tu cuerpo por la toma de conciencia y agradece a las personas y a los actores su participación en esa lección. Ya no necesitas participar en la lección. Honra tu experiencia. Sé agradecido y haz un cambio de un grado y sigue adelante.

5. SI TU CUERPO HABLARA DIARIO

En la mayoría de los diarios, todo gira en torno a ti. Pero en este ritual, se trata de tu cuerpo, así que deja que hable tu cuerpo. ¿Qué diría tu cuerpo? Eso es lo que quieres averiguar. Escribiendo desde el punto de vista de tu cuerpo, en lugar de escribir: "Odio mi cuerpo", escribirías: "Mi cuerpo odia [rellena el espacio en blanco]". Para empezar, creo que es útil empezar escribiendo: "Si mi cuerpo pudiera hablar, diría..." y luego simplemente soltarlo.

Si mi cuerpo pudiera hablar, diría...

Estoy enfadado contigo por atiborrarme de comida.

Estoy enfadado contigo por no darme suficiente agua.

Me enfado contigo por acostarte con esa persona que te trata fatal.

Estoy enfadada contigo por seguir en esa relación cuando te he dicho que no me siento bien con esa persona.

6. MOVER LA ENERGÍA

Descubro que cuando estoy de mal humor y las dudas dan vueltas en mi mente, mi cuerpo se siente más pesado, denso e hinchado. Si tengo una idea y no la expongo, mi cuerpo se hincha. En cambio, si hago algo con ella, mi cuerpo parece más esbelto y menos hinchado. La grasa es energía utilizada en nuestra contra. Almacena nuestras limitaciones y crea la densidad y la pesadez en el cuerpo, que vuelve nuestra mente contra nuestro cuerpo. Así que, aunque casi cualquier ritual de indagación sobre lo que está pasando cambiará tu energía, a veces tu cuerpo necesita y quiere puro ejercicio - movimiento físico. Puede ser cualquier cosa, desde una meditación caminando hasta yoga o ejercicios de fuerza. El objetivo aquí es reconocer que, independientemente de cómo muevas la energía, interna o externamente, entrar en el presente tiene el poder de producir un cambio profundo. Como beneficio secundario, el peso de tu cuerpo también suele cambiar.

Cuando entres en la conciencia de tu cuerpo, espera que las cosas cambien. Espera que cambie lo que deseas. Espera que cambie lo que comes. Espera que cambie aquello en lo que te involucras. Espera que todo cambie. Porque de eso se trata. Estás cambiando. Así que decide dejar ir y cambiar y permitir que tu cuerpo de cambio sea.

EJERCICIOS

Uno de los objetivos de este capítulo es ofrecer prácticas que puedas integrar en tu propia vida y en tu propio cuerpo. He aquí una recapitulación de sugerencias para llevar a cabo como "ejercicios":

1. Pon en práctica tu propia Creation Station™. Esto podría ser un tiempo diario para leer tarjetas de inspiración o pasajes de libros y luego escribir un diario sobre ellos para despejar tu mente y reenfocar tu pensamiento.

2. Crea tu propia Universe Box. Puedes llamarla como más te guste. También puedes decorarla de una forma que te resulte atractiva. Crea pequeñas tarjetas y suéltalas a medida que imaginas cosas que quieres manifestar en tu vida. Esto podría ser una nueva carrera, empezar una relación, dejar ir la ira hacia una persona en tu vida, y la lista es interminable. La Caja del Universo es tu canal privado para compartir tus peticiones con el universo.

3. Identifica los sentimientos en tu cuerpo que indican que estás asumiendo los problemas o la energía negativa de otras personas. Aprende a

reconocer esos sentimientos y crea un proceso para alejarte de ellos. Si tu cuerpo se tensa y aparecen dolores y molestias al azar, tu práctica podría consistir en ir a un lugar tranquilo, cerrar los ojos y repetir una frase o un mantra para recordarte que no tienes por qué asumir sus problemas. La respiración profunda y los estiramientos también podrían formar parte de tu ritual, y al exhalar con fuerza imaginas que la energía negativa sale de tu cuerpo.

4. Abraza la gratitud diaria. Un calendario con una semana a lo largo de dos páginas puede ser una forma estupenda de anotar al menos tres cosas por las que estés agradecido cada día. Utilizar un calendario te ayudará a no perder de vista la realización de este proceso cada día, además de que te resultará útil volver atrás y releer tu gratitud pasada.

5. Escribe en tu diario la frase "Si mi cuerpo pudiera hablar, diría...". Este tipo de diario te ayudará a reconectar con lo que siente tu cuerpo en lugar de ignorar los mensajes que intenta enviarte.

6. Crea una práctica de movimiento físico para liberar energía. Puede ser un paseo al aire libre, bailar en el salón o golpear una almohada. Date permiso cada día para soltar la negatividad que se acumula dentro de tu cuerpo.

7. Repite estas tres afirmaciones en voz alta varias veces al día:
8. "¡Gran trabajo, tú! Gran trabajo, Body!"
9. "¡Sois increíbles!"
10. "¡Ahora los dos, VAN A SER GRANDES!"

LA CLAVE DE LA CURACIÓN

Ernest Holmes, líder del Nuevo Pensamiento y fundador de la Ciencia Religiosa, escribió en su obra clásica, *La Ciencia de la Mente,* que la "definición raíz de curado es 'cuidado'". Afirma: "Mientras cualquier célula esté viva, lo que significa mientras una persona esté viva, las células del cuerpo responden al cuidado". Una noción tan simple, y sin embargo, de alguna manera, nos hemos convertido en una sociedad que rehúye la palabra "curar". Sin embargo, si comprendiéramos mejor lo que significa "cuidar" y lo aplicáramos a nosotros mismos, estaríamos mucho más cerca de la verdad de la curación.

Tengo una planta junto a mi escritorio. Es la única planta que he conseguido mantener viva. El primer año que asistí a Alcohólicos Anónimos, me dijeron que comprara plantas y viera si podía mantenerlas vivas, luego que comprara un cachorro y después una relación. ¿Ves la tendencia? ¿Por qué? Porque estás aprendiendo a estar contigo mismo. Estás aprendiendo a estar contigo mismo por primera vez, sin la solución, la droga, el alcohol, lo que sea. Empiezas por relacionarte con la planta. Tienes que prestarle atención. Debes regarla. Debes podarla. Tienes que cortar las hojas muertas. Cuando consumes alcohol o drogas o cualquier otra cosa para adormecerte, no estás prestando atención a nada. Estás en otro mundo. Y eres muy egocéntrico y narcisista, con crisis tras crisis, apagando fuegos constantemente.

Al cuidar de mi planta, me enteré de que hay estudios científicos que demuestran que si hablas con las plantas, viven más. Decidí, *¿por qué no hablar con mi cuerpo?* Así que empecé a hablar con él. Si estaba en casa, apagaba la música y simplemente estaba conmigo misma, o de camino al trabajo, en el coche, hacía como si mi cuerpo estuviera en el asiento de al lado y le preguntaba: "¿Cómo estás?". El efecto era profundo. Esta pregunta sencilla pero directa empezó a romper la solidez de mi mundo, que me hacía estar separada de mi cuerpo y no en términos amistosos.

HAZTE AMIGO DE TI MISMO

El cuerpo del cambio es realmente la energía de ti amándote a ti mismo, siendo un buen amigo de ti mismo, alejándote de cualquier otra realidad energética psíquica que dice: "Si tienes esta [certificación, formación, dinero, logro, reconocimiento, o perteneces a este grupo, rellena el espacio en blanco] eso significa que eres bueno y eres valorado." No importa qué cambios hagas cuando sigues teniendo un programa funcionando en segundo plano y no te valoras ni crees que eres merecedor y digno de nada. Hasta que esos programas no cambien, tú eres la energía de esa indignidad, lo sepas o no. Es como tener una estructura física dentro de tu cuerpo llamada: "No merezco". Y eso es exactamente lo que se te reflejará en todas tus relaciones. Y nada cambiará esa realidad básica - nada que nadie diga, o haga, ninguna cantidad de educación, entrenamiento, o certificación de licencias, ninguna cantidad de dinero, *nada va a* cambiar si no cambias esta creencia fundamental sobre ti mismo.

En un momento u otro, llegas a un punto en el que debes tener cierto respeto y consideración por ti mismo. La forma en que te consideras a ti mismo determina la manera en que te enfrentas al mundo y la forma en que éste reacciona ante ti. En muchos textos espirituales se te exhorta a querer a los demás como te quieres a ti mismo. ¿Hasta qué punto te gusta lo que eres? Recuerdo cuando mi primo Johnnie, que eligió la sobriedad tres años antes que yo, me dijo (tienes que imaginártelo con esa voz gruesa de Tony Soprano de Nueva Jersey): "Lisa, hagas lo que hagas, sé buena amiga de ti misma. Y eso es todo". Ni siquiera sabía lo que eso significaba. No tenía ni idea de cómo, así que empecé simplemente haciéndome este tipo de preguntas sobre todo lo que hacía:

1. *¿Esto es ser un buen amigo para mí mismo?*
2. *Si como esto, ¿estoy siendo un buen amigo para mí mismo?*
3. *Si no voy al gimnasio, ¿estoy siendo un buen amigo conmigo mismo?*
4. *Si salgo con esta persona, ¿estoy siendo un buen amigo conmigo mismo?*

5. *Si salgo con esta persona, ¿estoy siendo un buen amigo conmigo mismo?*
6. *Si me compro un cachorro, ¿estoy siendo un buen amigo conmigo mismo?*
7. *Si consigo una planta, ¿estoy siendo un buen amigo conmigo mismo?*
8. *¿Realmente quiero seguir haciendo esto? ¿Es eso ser buen amigo de mí mismo?*

Es tan fácil para nosotros pensar, *oh, me gusta eso. Oh, y me gusta eso.* ¿Pero preguntarte si te gustas a ti mismo? Eso es más difícil. No tenía ningún punto de referencia para ello. Dependía de la opinión que los demás tenían de mí para determinar mi valor. Cuestionarte así momento a momento te ayuda a ponerlo delante de ti para que puedas verlo con más claridad. Puedes mirarlo desde una perspectiva que valores. Si valoras gustarte a ti mismo, aunque nunca te hayas gustado, puedes tomar una nueva decisión y saber que va a cambiar las cosas.

Al principio, es una buena idea hacer preguntas constantemente, sobre todo lo que estás haciendo o considerando, incluso en el nivel más mundano. Por ejemplo, yo no cocino. No me gusta meterme en la cocina y prepararme algo. Me gusta que la gente a la que le gusta cocinar me prepare de antemano las comidas que le gustan a mi cuerpo, para que estén en la nevera esperándome. Lo único que quiero es calentarla. Antes no prestaba atención y comía lo que había. No me cuidaba lo suficiente como para darle a mi cuerpo lo que necesitaba para mantenerse y sostenerme. La comida se dejaba al azar, y pronto me encontraba comiendo comida basura y sin llevar la cuenta de nada.

Cuando empieces a tener éxitos, tendrás más claro lo que quieres. Empezarás a saber lo que es y lo que no es ser un buen amigo para ti mismo. Hace algún tiempo, tuve una asistente personal/cocinera personal que era muy divertida, pero también era bebedora y se olvidaba de las cosas. Cuando se le olvidaban las cosas, se ponía irracional. En mi cabeza pensaba: "*Conozco ese comportamiento. Sé de dónde viene. Quiero mucho a esta persona. Nos divertimos mucho juntas y me encanta su comida.* Así que la mantuve un poco más hasta que se me hizo realmente insoportable. Me di cuenta de que no estaba siendo una buena amiga para mí misma.

Hice el cambio y la dejé marchar. Incluso después, estaría tentado de traerla de vuelta "sólo por un mes o dos hasta que encuentre a alguien". Pero cuando me preguntaba: "¿Estás siendo una buena amiga para ti misma?". sentía la energía en mi cuerpo, que me decía: "Diablos, no, no vuelvas". La pregunta se trasladaba a la conciencia de mi cuerpo y éste me informaba de lo que debía hacer. Por supuesto, mi mente replicaba: "Dios mío, la echo de menos", a lo que yo respondía: "Tiene buena pinta, pero no, ya sabes cómo va a acabar, ya sabes cómo va a ser". No lo hagas. ¡Sigue adelante y haz ese 1º Shift™! *No sé cómo... sé que será. Universo, muéstrame...*

Cuando empecé a amarme a mí mismo
Cuando empecé a amarme, descubrí que la angustia y el
sufrimiento emocional
son sólo señales de advertencia de que estaba viviendo en
contra de mi propia verdad.
Hoy, lo sé, esto es AUTENTICIDAD.
Cuando empecé a quererme, comprendí lo mucho que
puede ofender a alguien.
Al tratar de forzar mis deseos en esta persona, a pesar de
que sabía que el tiempo
no estaba bien y la persona no estaba preparada para
ello,
y aunque esta persona era yo.
Hoy lo llamo RESPETO.
Cuando empecé a quererme, dejé de desear una vida
diferente,
y pude ver que todo lo que me rodeaba
me invitaba a crecer.
Hoy lo llamo MADUREZ.
Cuando empecé a quererme, comprendí que en cualquier
circunstancia,
Estoy en el lugar adecuado en el momento adecuado,

y todo sucede en el momento exacto.
Así podría estar tranquilo.
Hoy lo llamo AUTOCONFIANZA.
Cuando empecé a quererme, dejé de robarme mi propio tiempo,
y dejé de diseñar grandes proyectos para el futuro.
Hoy sólo hago lo que me produce alegría y felicidad,
cosas que me encanta hacer y que alegran mi corazón,
y las hago a mi manera y a mi ritmo.
Hoy lo llamo SIMPLICIDAD.
Cuando empecé a amarme a mí misma, me liberé de todo lo que no es bueno para
mi salud: alimentos, personas, cosas, situaciones,
y todo lo que me arrastraba hacia abajo y lejos de mí mismo.
Al principio llamé a esta actitud un egoísmo sano.
Hoy sé que es AMOR A SÍ MISMO.
Cuando empecé a quererme, dejé de intentar tener siempre la razón,
y desde entonces, me equivoco menos veces.
Hoy he descubierto que es MODESTIA.
Cuando empecé a quererme, me negué a seguir viviendo en el pasado.
y preocuparse por el futuro.
Ahora sólo vivo el momento, en el que TODO está sucediendo.
Hoy, vivo cada día, día a día, y lo llamo PLENITUD.

Cuando empecé a amarme, reconocí que mi mente puede perturbarme,
y puede enfermarme. Pero al conectarlo con mi corazón, mi
mente se convirtió en un valioso aliado.
Hoy llamo a esta conexión SABIDURÍA DEL CORAZÓN.
Ya no tenemos que temer discusiones, enfrentamientos o cualquier tipo de problema con nosotros mismos o con los demás.
Incluso las estrellas chocan, y de su choque nacen nuevos mundos.
¡Hoy sé que ESO ES LA VIDA!
(Este poema se ha atribuido a Charlie Chaplin, pero no está verificado).

Lo que es esencial comprender es que el retorno más profundo a uno mismo se produce al sanar la relación con uno mismo y con los demás. Para ello, tienes que desarrollar el poder de distinción para determinar posteriormente "lo que es mío" y "lo que es de ellos": lo que es interno a ti y lo que es externo. Me costó mucho tiempo deshacer la relación con mi madre y recuperar esa parte de mí. De niña, el único contacto que recibía de ella eran palizas y agresiones verbales. Y su odio, el amor artificial.

Pero los niños van a por lo que necesitan. Y mi supervivencia se basó en tener el amor de mi madre siendo "la pobre Lisa", haciéndolo todo mal y siendo expulsada de clase. Yo le daba lo que ella quería para llamar su atención, y la atención que yo recibía era una bofetada, un golpe, una paliza. Eso era todo lo que podía darme. Yo era un niño bastante listo en esas circunstancias. Así era como tenía que hacerlo entonces.

La compasión por mí mismo es la cura más poderosa de todas.

— THEODORE ISAAC RUBIN

La autocompasión es una forma de amor propio. No importa qué cambios hagas, o cuántos consejos o trucos o habilidades -incluso en mi caso, habilidades psicológicas- tengas, eso no significa que te gustes a ti mismo. Sin embargo, a fin de cuentas, eso es lo deter- minante. Si tienes el programa, la cinta funcionando de fondo, de no quererte ni valorarte, la vida te parecerá una lucha. Te conviertes en la energía de eso sin siquiera saberlo. Y se convierte en la estructura física llamada tu cuerpo.

Al principio, hacerse la pregunta: "Si hago esto, ¿estoy siendo un buen amigo para mí mismo?" cuesta esfuerzo recordarlo porque no tienes ninguna pista neuronal establecida en el cerebro. O puede que te resulte incómodo. Pero con el tiempo, el hábito se impone y empezarás a tener éxito. Empezarás a saber lo que quieres y lo que es ser un buen amigo. La pregunta se integra y se traslada a la conciencia de tu cuerpo. Ni siquiera tendrás que preguntar o pensar en ello. Esta nueva idea simplemente se convertirá en tu vida.

Por ejemplo, al hacer este trabajo, perdí mucho peso sin hacer dieta ni intentarlo. Dejé de anhelar o desear alimentos que no eran buenos para mí. Quería hacer ejercicio. Tu cuerpo navegará y te dirá que ahora se ha convertido en algo diferente. Tú te conviertes en ello. Es duro al principio porque estás desaprendiendo lo que nunca aprendiste y de lo que no eras consciente. Pero una vez que seas consciente de lo que es bueno para ti, siendo ese amigo que te hace feliz y eligiendo por ti, empezarás a construir esa fuerza dentro de ti para confiar en ti mismo.

Cuando vivas comprendiendo que el amor a ti mismo está en el corazón de tu verdadera naturaleza, nunca te sentirás solo... y nunca volverás a estarlo.

EJERCICIO

1. Empieza cada mañana preguntándote: "¿Qué

voy a hacer hoy que sea ser un buen amigo para mí mismo?".

2. Cuando te enfrentes a elecciones o sientas una incertidumbre a la hora de decidir, pregúntate: "Si hago esto, ¿estaré siendo un buen amigo de mí mismo?".

3. Cuando hables contigo mismo, pregúntate: "¿Es así como hablaría a un amigo necesitado? "

RECONEXIÓN Y PLENITUD

"El arte de la conciencia del cuerpo interior se convertirá en una forma de vida completamente nueva, un estado de conexión permanente con el ser y añadirá una profundidad a tu vida que nunca antes habías conocido".

— ECKHART TOLLE

Imagínese que se despierta con energía, feliz de estar vivo y dispuesto a ver qué más puede hacer ese día. De principio a fin, tu día está lleno de opciones basadas en tus deseos. Y a partir de esos deseos, todo es posible porque tú encarnas la posibilidad. Eres un imán generativo y creativo. A la gente le encanta estar a tu alrededor. Cambias la energía de todo lo que te rodea con sólo ser tú. Tus relaciones se basan en la comunión, en la armonía. Son divertidas, fáciles, alegres y mutuas. Tu cuerpo está sano y vibrantemente vivo. Tienes energía. Tienes un brillo especial. Tu negocio está en auge y tus colaboradores ríen y se unen a ti en lo que sea que estés creando. La vida es una aventura alegre. La risa y la ligereza invaden tu cuerpo. Te asombra sentir tal alianza contigo mismo. La gente te pregunta qué hiciste para cambiarte y tú respondes: "Me elegí a mí. Me comprometí conmigo. Colaboré con el universo y le permití responder, y creé lo que sabía que era posible".

Esto describe la vida que está esperando a que la elijas. Y todas tus adversidades y dolores, tus tragedias y traumas, todo tu sufrimiento, son en realidad tus posibilidades de conectar con la conciencia de quién eres. Cuando puedes explorar tu realidad y soltar las creencias subyacentes que sustentan esa realidad, se abre todo un mundo nuevo con nuevas formas de avanzar hacia cualquier cosa que desees. De repente, lo que nunca tuvo solución tiene infinitas soluciones. Lo que siempre te ha atormentado desaparece. Eso no quiere decir que no pueda volver, pero no volverá de la misma manera. Y tú y tu cuerpo sois los que elegís cambiar y comprometeros plenamente con vuestros 1º Shifts™.

Sea lo que sea lo que te está volviendo loco en el presente, es algo relacionado con una decisión que tomaste en el pasado. Sólo tú puedes hacerte "des-loco". Tú eres la llave para desbloquearlo y así poder seguir adelante con tu vida, viviendo radicalmente vivo con ese resorte en tu paso. Y empieza por entrar en tu cuerpo y en tu conciencia. Cuando te liberas de la jaula del yo inconsciente, de las creencias inconscientes, la enfermedad abandona tu cuerpo. Todas las células de tu cuerpo se vuelven más sanas. El cambio profundo puede literalmente cambiar tu cuerpo estructuralmente, incluso tus huesos - porque cada pensamiento de juicio que has tenido sobre ti mismo que ha envuelto tu estructura esquelética celular se cae. Lo que piensas forma tu cuerpo.

Eres un cuerpo de cambio. Tu cuerpo es un regalo que te ofrece la posibilidad de vivir sin límites. Cada día tú, y tu cuerpo, podéis cambiar, y sólo hace falta una elección para provocar ese cambio, un 1º Shift™ - estar en comunión y conversación con tu cuerpo. Es hora de reconocer la brillantez de ti como ser, una huella del alma con una firma espiritual única, y puedes pedirle a tu cuerpo que cree e iguale la brillantez y la belleza de eso.

El espíritu humano no tiene límites. El único límite a la grandeza es decirte a ti mismo que no.

— JAMES LAWRENCE, EL "VAQUERO DE HIERRO"

La libertad está en función de tus creencias. En el momento en que descubras las creencias que te retienen, te liberará en un instante, aunque llegar a la verdad requiere elegir, comprometerse, colaborar y crear. Y no tienes por qué saber cómo al principio. *No sé cómo... sé que será.* Confía en que el camino se despliegue a *medida que* avanzas. Hay liberación en el dejar ir - se llama *diversión* y la aventura de ser un cuerpo.

En cuanto confíes en ti mismo, sabrás cómo vivir.

— GOETHE

A veces lo más difícil de cambiar es abrazar tu alegría. Aceptar que todo va bien. Aceptar los éxitos. Aceptar que no hay problemas. Abrazar la belleza de la huella de tu propia alma. Por mucho trabajo que hagas, tienes que aprender a vivir como tú. Sin muletas, sólo tú, crudo y real. Puede que te sientas raro. Puede que te sientas desnudo. Pero también te sentirás bien. Gustarás a algunos de tus amigos y a otros no. Puede que la gente se vaya, y tú serás mejor por ello. A medida que seas más congruente con la huella de tu alma, tu mundo te lo reflejará. Al principio, nos sentimos separados y vemos nuestro cuerpo como algo separado, pero en realidad estamos conectados a todas las cosas y el cuerpo lo transmite. Cuando nos liberamos de nuestros juicios, todo empieza a cambiar. Empezamos a ver las cosas con claridad y a actuar con claridad, a atraer de forma diferente, a creer de forma diferente.

No necesitamos fabricar la presencia incondicional porque ya está ahí, como el sol, detrás de las nubes de nuestra mente ocupada, y aunque nadamos en este mar de conciencia pura, necesitamos ser conscientes de nuestra mente ocupada que está constantemente esperando de isla en isla, de pensamiento en pensamiento, saltando por encima y a través de esta conciencia, que es su suelo, sin llegar nunca a descansar allí.

— DR. JOHN WELWOOD

El ser que eres nunca puede romperse. La huella de nuestra alma y la posibilidad de una vitalidad radical está en cada uno de nosotros, en nuestro propio ser, pero requiere que alineemos nuestra energía y nuestra conciencia. Reconocemos la posibilidad, pero al mismo tiempo comprendemos que no cambiamos fácilmente, ni deberíamos hacerlo. Este trabajo tiene la capacidad de llenarte y energizarte para ser más creativo de lo que jamás hayas imaginado. Cuando encuentras el hilo que va del presente al pasado y lo cambias, y en el proceso te liberas de la tiranía de creencias inconscientes arraigadas durante mucho tiempo, consigues que todo tu ser esté presente y encarnado. Cada partícula de energía de tu cuerpo es libre. Así es como vivimos radicalmente vivos, del problema a la posibilidad.

Ese es tu cuerpo de cambio. La acumulación de cientos, miles, millones y billones y más allá de 1º Shifts™ cada día. Esto crea tu vida, viviente, cuerpo, interna y externamente, congruente y radicalmente vivo. Tu cuerpo ahora dirige tu saber con facilidad.

Ahora, practica esto: (cuanto más lo hagas, mayor será la presencia con tu cuerpo)

Cierra los ojos

Coloca la mano sobre el timo y el pubis

Respira por la boca, siente los pies en el suelo, la espalda en la silla y las manos en el cuerpo

Expándete y toca las cuatro esquinas de la habitación en la que te encuentras, sintiendo los pies en el suelo.

Expándete a las cuatro esquinas de la ciudad en la que te encuentres.

Extiéndase a los cuatro puntos cardinales del Estado en el que se encuentra.

Extiéndase a los cuatro puntos cardinales del país en el que se encuentre.

Expandirse a las cuatro esquinas de la tierra, como si hubiera cuatro esquinas en la tierra.

Expandirse a las cuatro esquinas, si las hubiera, del universo...

Mira tu cuerpo

Pide a tres moléculas que se acerquen y cambia la polaridad de estas moléculas a lo que cambiaste al leer este libro. Es energético. Déjalo ir.

Ahora pide a tres moléculas adicionales que se acerquen y liberen el "peso" de aquello de lo que eras inconsciente. Es energético. Déjalo fluir.

Ahora pide a tres moléculas adicionales que cambien la

polaridad y gira esas moléculas para crear el cuerpo de cambio que eres ahora. Es energético. Déjate ser.

Repítelo tantas veces como te lo pida el cuerpo.

Reclama en voz alta:

"¡He cambiado!"

"¡Sé que he cambiado!"

"Sé que he cambiado porque mi cuerpo es un CUERPO de cambio".

"Gracias, Body."

"Gracias, Universo".

"Gracias, Yo".

"Lo soy, LIBRE".

Si nadie le ha dicho hoy a tu cuerpo que es amado, adorado, nutrido, apreciado, honrado y respetado, *¡ahora es* así! ¡Ya te lo han dicho!

Si nadie *te* ha dicho hoy que *te quiere,* ¡yo sí!

No sé cómo... sé que lo será.

Estoy agradecido y realizado, ¡y así es!

¡Sé grande!

PARTE II

EL CUERPO DEL CAMBIO: CUADERNO DE TRABAJO

INTRODUCCIÓN

Bienvenido al Cuaderno de ejercicios El cuerpo del cambio. Esta guía es tu compañera en un viaje transformador de autodescubrimiento. Cada ejercicio ha sido cuidadosamente diseñado para profundizar en la conexión con tu yo interior, capacitarte para romper barreras y abrazar tu camino único hacia la plenitud. Tómate tu tiempo con cada sección, reflexiona profundamente y recuerda: este cuaderno de ejercicios es tu santuario personal para el crecimiento y la exploración.

DESCUBRIR LA HUELLA DE TU ALMA

EJERCICIO: REFLEXIÓN SOBRE EL ALMA

Objetivo: Identificar y articular tu firma espiritual única.

INSTRUCCIONES:

Preparación:

Busca un lugar tranquilo donde no te molesten. Siéntate cómodamente, cierra los ojos y concéntrate en tu respiración. Inhala profundamente y exhala por completo, liberando la tensión con cada respiración.

Meditación:

Dedica 10 minutos a meditar, concentrándote únicamente en la respiración. Cuando surjan pensamientos, vuelve a centrarte en la respiración. Permita que su mente divague hacia momentos de su vida en los que se sintió vibrantemente vivo y conectado a algo más grande que usted mismo.

Reflexión:

Después de la meditación, abre los ojos y reflexiona sobre esos momentos. Escribe al menos tres experiencias que te resuenen: momentos de profunda alegría, paz o conexión.

Conéctate contigo mismo:

Para cada experiencia, explora cómo se relaciona con tu sentido del yo y tu propósito en la vida. ¿Qué revelan estos momentos sobre tu verdadera naturaleza y la firma espiritual única que llevas?

Espacio de reflexión:

(Tus pensamientos y reflexiones van aquí)

IDENTIFICAR LAS BARRERAS

EJERCICIO: ESCRIBE TUS OBSTÁCULOS

Objetivo: Reconocer las distracciones y los obstáculos a tu creatividad.

INSTRUCCIONES:

Autoevaluación:

Tómate un momento para contemplar qué puede estar frenándote. ¿Qué pensamientos recurrentes, creencias o factores externos obstaculizan tu progreso o expresión creativa?

Haz una lista de tus obstáculos:

Elabora una lista exhaustiva de estos obstáculos, desde retos internos como el autojuicio o el miedo al fracaso hasta presiones externas como las limitaciones de tiempo o las expectativas de la sociedad.

Reflexión sobre el impacto:

Para cada obstáculo, escribe una breve reflexión sobre cómo afecta a tu vida. Considera cómo se manifiesta en tus rutinas diarias, en tus procesos de toma de decisiones y en tus relaciones.

Plan de acción:

Elige un obstáculo en el que centrarte esta semana. Escriba los pasos específicos para superar o mitigar su influencia, lo que podría implicar cambiar un hábito, buscar apoyo o replantear su mentalidad.

Seguimiento:

Al final de la semana, vuelva a examinar el obstáculo elegido. Reflexiona sobre los progresos que has hecho y sobre lo que has aprendido.

Espacio de reflexión:

(Tus pensamientos y reflexiones van aquí)

COMPROMETERSE CON LA SABIDURÍA DEL CUERPO

EJERCICIO: PRÁCTICA DE CONCIENCIA CORPORAL

Objetivo: Sintonizar con las señales de tu cuerpo.

INSTRUCCIONES:

Práctica diaria:

Dedica 5 minutos al día a practicar la conciencia corporal. Elige un momento tranquilo, por la mañana o antes de acostarte.

Exploración corporal:

Siéntate cómodamente, cierra los ojos y escanea lentamente tu cuerpo de la cabeza a los pies. Presta atención a las sensaciones, tensiones o zonas de relajación sin juzgarlas.

Observación y percepción:

Observa las zonas en las que sientas tensión o incomodidad. ¿Qué pueden revelar estas sensaciones sobre tu estado emocional o mental? Anota tus observaciones a diario y fíjate en los patrones o cambios que se produzcan a lo largo del tiempo.

Conecta los puntos:

Al final de la semana, revisa tus notas. Reflexiona sobre lo que tu cuerpo te ha transmitido. ¿Cómo se relacionan estas sensaciones con tus emociones, pensamientos o experiencias?

Espacio de reflexión:

(Tus pensamientos y reflexiones van aquí)

SANAR LA DESCONEXIÓN

EJERCICIO: LA TÉCNICA DEL RUGIDO

Objetivo: Utilizar la técnica Roar® para liberar bloqueos emocionales.

INSTRUCCIONES:

Encuentra tu espacio:

Identifica un espacio privado y seguro en el que te sientas desinhibido: tu dormitorio, un lugar tranquilo al aire libre o cualquier otro lugar en el que no te molesten.

Céntrate:

Mantente erguido y respira hondo, anclándote en el presente. Siente los pies en el suelo y el cuerpo alineado.

El rugido:

Cuando estés preparado, respira hondo y suelta un «rugido» fuerte y poderoso. Este rugido es tu expresión de frustración, dolor o bloqueos emocionales. Libéralo plenamente y sin reservas.

Afirmación:

Después de tu rugido, respira profundamente. Afirma lo que quieres abrazar en su lugar, como «Abrazo mi fuerza» o «Doy la bienvenida a la paz en mi vida».

Reflexión:

Escribe en tu diario cómo te ha hecho sentir este ejercicio. ¿Qué emociones afloraron durante el rugido? ¿De qué manera la afirmación cambió tu energía? Reflexiona sobre cualquier cambio en tu mentalidad o estado emocional.

Repítelo cuando lo necesites:

Puedes volver a realizar este ejercicio siempre que necesites liberar emociones reprimidas.

Espacio de reflexión:

(Tus pensamientos y reflexiones van aquí)

PRÁCTICAS DIARIAS PARA LA RECONEXIÓN

EJERCICIO: CUATRO ES Y CUATRO C

Objetivo: Implementar prácticas diarias para reconectar contigo mismo.

INSTRUCCIONES:

Las Cuatro Es:

Cada día, elige una de las Cuatro Es para centrarte en ella:

- Abrazar: Aceptarte y quererte tal como eres.
- Examinar: Reflexionar sobre tus pensamientos, sentimientos y comportamientos.

- Encarnar: Vivir tus valores y tu verdad en tus acciones diarias.
- Expandirse: Creciendo más allá de tus limitaciones actuales y explorando nuevas posibilidades.

Aplicar:

A lo largo del día, aplica conscientemente la E elegida a tus pensamientos, acciones e interacciones. Observa cómo influye en tus elecciones y en tu relación contigo mismo.

Reflexión diaria:

Al final de cada día, anota tus experiencias. ¿Cómo ha influido en tu día centrarte en esta E? ¿Qué ideas o desafíos surgieron?

Resumen al final de la semana:

Al final de la semana, revisa tus reflexiones. Resume tus percepciones y anota cualquier cambio de perspectiva o comportamiento. ¿Cómo te ha ayudado esta práctica a reconectar contigo mismo?

Las Cuatro Cs (Opcional):

A modo de ampliación, explora las Cuatro C: Claridad, Valentía, Compromiso y Compasión. Intégralas en tu práctica diaria de un modo que te resulte natural y te ayude a crecer.

Espacio de reflexión:

(Tus pensamientos y reflexiones van aquí)

ENTABLAR AMISTAD CONTIGO MISMO

EJERCICIO: CARTA DE AUTOCOMPASIÓN

Objetivo: Cultivar una relación de amor con uno mismo.

INSTRUCCIONES:

Prepara el escenario:

Busca un lugar tranquilo y cómodo donde puedas escribir sin que nadie te moleste. Enciende una vela, pon música suave o crea un ambiente acogedor.

Escribe la carta:

Escríbete una carta a ti mismo como si te estuvieras dirigiendo a un amigo querido que está pasando por un momento difícil. Ofrezca palabras de ánimo, comprensión y compasión. Reconoce tus dificultades y expresa empatía por tus luchas.

Afirmaciones positivas:

Incluye afirmaciones en tu carta. Recuérdate a ti mismo tus puntos fuertes, tus logros pasados y los progresos que has hecho. Anímate a seguir adelante, incluso cuando el camino sea difícil.

Lectura en voz alta:

Una vez que hayas terminado, lee la carta en voz alta. Presta atención a lo que sientes al oír estas palabras compasivas dirigidas a ti.

Guardar la carta:

Coloca la carta en algún lugar accesible, como en un diario o en tu mesilla de noche. Revísala siempre que necesites un recordatorio de tu resistencia y autoestima.

Seguimiento:

Considera la posibilidad de escribir nuevas cartas periódicamente durante los momentos difíciles para reforzar una relación compasiva contigo mismo.

Espacio de reflexión:

(Tus pensamientos y reflexiones van aquí)

RECONEXIÓN YPLENITUD

EJERCICIO: VISUALIZACIÓN DE LA PLENITUD

Objetivo: Visualizar el camino hacia la plenitud.

INSTRUCCIONES:

Preparación:

Busca un lugar tranquilo para sentarte o tumbarte cómodamente. Cierra los ojos y respira profundamente para relajar el cuerpo y la mente.

Visualización guiada:

1.Visualice un momento en el que se sintió pleno y

completo. Puede ser un momento concreto o un periodo general de tu vida.

2.2. Imagina el entorno, las personas y las emociones asociadas a ese momento. Concéntrese en los detalles que le hicieron sentirse conectado y pleno.

3.Ahora, imagina tu vida actual impregnada de esa misma sensación de plenitud y conexión. Visualiza cómo es tu vida cotidiana cuando estás en plena sintonía contigo mismo.

4.4. Observa las emociones que surgen al visualizar este estado. ¿Cómo te sientes al estar conectado contigo mismo y con tu propósito?

Escribir la experiencia:

Después de la visualización, escribe los detalles de tu experiencia. ¿Qué aspecto tiene la plenitud para ti? ¿Cómo puedes atraer más plenitud a tu vida?

Pasos de acción:

Identifica los pasos necesarios para acercarte a esta sensación de plenitud. Considera pequeños cambios en tu rutina, cambios de mentalidad o un trabajo de crecimiento personal más profundo.

Práctica continua:

Revisa esta visualización con regularidad para reforzar tu conexión con la totalidad y guiarte de vuelta a tu verdadero yo cada vez que te sientas desconectado.

Espacio de reflexión:

(Tus pensamientos y reflexiones van aquí)

CONCLUSIÓN

Felicitaciones por haber completado el Cuaderno de ejercicios El cuerpo del cambio. Has dado pasos significativos para profundizar tu conexión contigo mismo y abrazar la plenitud de tu ser. Recuerda que este viaje es continuo y que cada paso que das te acerca más a tu auténtico yo.

Continúa revisando estos ejercicios, integrando las percepciones que has obtenido y honrando el progreso que has hecho. Mereces el cambio que buscas. Sigue avanzando con valentía, compasión y el corazón abierto.

AGRADECIMIENTOS

Mi amor, el amor que compartes y das cada día hace que todo sea posible. ¡Mi amor por ti es para siempre! Nuestros cuerpos bailan la sinfonía de ser amados, adorados, nutridos, apreciados, honrados y respetados. El amor que me has regalado va más allá de las palabras y nuestra conexión tiende puentes entre dimensiones, vidas y realidades. Me siento muy honrada de estar en este viaje contigo. Tú, los niños y la familia sois mi preciosa carga y me llenáis de tanta alegría y felicidad por formar parte de todo. Vuestro amor y auténtica bondad evocan mi verdadero corazón, mente, espíritu, alma y cuerpo. Estoy agradecida todos los días el láser de Dios te dirigió a mí y me incliné y dije SÍ. La mejor elección de todas.

La Dra. Lisa Cooney, PhD, LMFT, es pionera en transformación personal y curación de traumas. Se destaca en terapia del alma, coaching de vida y transformación espiritual. Como creadora del revolucionario método Live Your ROAR®, ha transformado las vidas de miles de  personas, ayudándolas a superar el trauma infantil y abrazar una "Realidad Orgásmica Radical" (ROAR®). La filosofía de la Dra. Lisa se basa en "¡Lo entiendo!... ¡Pase lo que pase!" y los principios de autodeterminación, compromiso con el crecimiento, colaboración con el universo y creación de una vida de ensueño.